PERFECT BEAUTY

パーフェクト・ビューティ
金原杏奈

はじめに

私は14歳からファッションモデルとしての活動をスタートさせ、17歳で初めてパリコレデビューしました。今はアメリカのニューヨークとロサンゼルスを拠点にモデルをしながら生活しています。

22歳でアメリカに来て13年。仕事のスケジュールは不規則だし、ペースの速い環境でストレスも多く、自然とかけ離れた都会での生活ですが、最後に病院にお世話になったのはいつだっけ？　と思うほど、大きな不調もなく健康で元気。それもこれも、全部アーユルヴェーダのおかげだと思っています。

この本は、そんな私のベースにあるアーユルヴェーダのライフスタイルについて書いたものです。私が実践する中で見つけたオリジナルのやり方や考え方も混ざっているので、いわゆるアーユルヴェーダのイメージとは違うところもあるかもしれません。

でも、だからこそ日々の生活に取り入れやすく、誰でも簡単に実践できる内容になっています。

ある程度の不調は、薬ではなく家のキッチンにある食材を使ったり、生活の仕方に少し気をつけたりするだけで改善できます！　そんな素晴らしいアーユルヴェーダの世界を、みなさんにもシェアしたいと思います。

都会のキラキラした生活やジャンクフードも楽しみながら、健康になりたい！　もっと心地よくありたい！　薬などは使わずになるべく自然に体をケアしたい！　そんなわがままも理想も、アーユルヴェーダは全部叶えてくれます。

難しく考えずに、アーユルヴェーダが教えてくれるセルフケアを実践し、幸せや心地よさをみなさんそれぞれが感じられるきっかけになればうれしいです。

PART 2

キレイを底上げするアーユルヴェーダ美容

PART 3

食事はWhen・What・Howがすべて

PART 4

季節に合わせた#あーゆるライフ

STAFF

編集協力
片岡えり

ブックデザイン
吉田憲司（TSUMASAKI）

撮影
Tess Ayano（カバー、P2〜5, 54〜55, 83, 101, 102〜103, 152〜153, 171〜175）
Hikaru Hirano（静物、P12〜13, 24〜25, 151）

DTP
美創

自分の心地よさを見つける旅の始まり

Prologue

私とアーユルヴェーダ

私がアーユルヴェーダに出会ったのは20歳の頃。当時悩みだったニキビを治すためにあらゆる食事療法、ジュースクレンズ、サプリメント、スキンケア、美容サロンや皮膚科での治療、とにかくいいと言われるものはすべて試したけれど、何一つ効果が出なくて、途方に暮れていたタイミングです。

ふとしたきっかけで内側から体質改善にアプローチする東洋医学に興味を持ち、ホリスティック※な本を濫読《らんどく》していたときに出会った1冊の中に書いてあったのが、アーユルヴェーダ。自分の体質を知り、それに合ったライフスタイルや食事の選択、自然と調和しながら自分を根本から整えて、満たしていく知恵にとても惹かれました。

そこからアーユルヴェーダの本を読み漁り、自分なりに実践する日々。ある日、知人にニューヨーク在住のアーユルヴェーダドクター（インドでは医師として認定されています！）を紹介してもらい、体質診断をしてもらうためにドキドキしながら会いに行きました。私の相談内容はもちろん肌荒れのこと。そのドクターは私の脈を観察し、顔を見るなりすぐに「あなたの肌荒れの原因は肝臓にあるわ」と一言。私は「えーーー！」と、まさに目から鱗《うろこ》。いろんな人に相談したけれど、肝臓の状態が肌に影響しているなんて誰にも言われたことがなかったし、まさか原因がそんなところにあるとは思いもしませんでした。

そして、そのときに言われたアドバイスは、これまた拍子抜けするくらいとてもシンプルで、「辛いもの、酸っぱいものを食事から減らすこと。葉野菜を入れたスムージーを飲んで、すすめられたハーブのサプリを1ヶ月間飲むこと。スキンケアにオイルを使用しないこと」。ただ、それだけ。

でもね、そんな簡単なことなのに、言われた通りにやってみると嘘みたいに肌荒れが改善していったのです。アドバイスのポイントは、肝臓に溜まった熱を和らげることで、これらはすべてそのための自然な方法でした。このとき私は、アーユルヴェーダの力を体感してその素晴らしさにとても感動したのです。

※ホリスティック……体を部分的に診るのではなく、全体として捉えるアプローチ。

アーユルヴェーダはおばあちゃんの知恵袋

アーユルヴェーダとは、〝人生の知恵〟を意味するサンスクリット語で、インドから伝わる5000年の歴史を持つ世界最古の伝統医学です。心と体、精神のバランスを整えることに焦点を当てた、健康とウェルネスへのホリスティックなアプローチ方法を教えてくれます。と聞くと、ちょっと難しく感じますよね。

でも、基本の考え方はとてもシンプルで「自然のリズムに合わせて生活をし、自然治癒力なども含めた、体が本来持っている力を引き出しましょう」というもの。私はいつもアーユルヴェーダの説明をするときに「おばあちゃんの知恵袋」みたいなものなんだよって伝えるのですが、まさに日々のライフスタイル、食事、運動、ハーブ療法など、自然の力を借りながら心身のメンテナンスをしたり、不調を治して病気を防いだりする知恵に溢れているんです。

不調はあってあたりまえなの？

私の場合は繰り返すニキビや肌荒れに悩んでいましたが、現代に生きる人たちは、病院に行くほどじゃない、適当な薬がない、生活を変えてもよくならない、そんな「なんとなく不調」を抱えている人が多いような気がします。

「むくみやすい」「いつも手足が冷えている」「3〜4日に1回しか便が出ない」「気づいたらアレルギー体質になっていた」「PMSがひどい」「疲れやすい」「定期的に偏頭痛がある」「間食が止まらない」「寝つきが悪く、眠りが浅い」「朝起きてすぐに動けない」「体がだるくて休日はゴロゴロ過ごす」「頭がぼーっとしてやる気が起きない」「めまいや耳鳴りがする」「すぐ風邪をひく」「胃が締め付けられるように痛む」

どうです？　思い当たる症状、ありませんか？

もしかしたら深刻な病気があるのかも、と不安になって病院で検査をしても、特に異常が見つからず、「ストレスですね」と片づけられるか、対症療法的な薬を出されるか。最近は10代、20代でも眠りに不安があり、睡眠薬をお守りとして持っている人が増えていると聞きました。睡眠専門のクリニックを受診する若者が多いなんて、大変な時代になったな、と思います。

でも、その原因、知りたくないですか？　なぜ体がそうなっているか。それ、体からのSOSメッセージかもしれませんよ。

現代の生活は、知らず知らずのうちに、体を蝕《むしば》み、疲弊させています。日が沈んでからも活動は続き、街は深夜でも煌々《こうこう》と明かりが灯り、朝目覚めた瞬間から次々と情報が流れてきて、脳は無意識にそれを処理しようと働く。ネガティブなニュースであれば、マインドも削られる。1日の半分は、パソコンやスマホの画面を見ていて、運動量は減り、忙しいときほど高カロリー低タンパクの食事が増える。そんな毎日では、心身に負荷がかかり、ストレスは大きくなり、不調が起こるのも当然と言えば当然。とはいえ仕事や生活スタイルを変えるのは、正直難しいですよね。それもわかります。

もちろん、病気が見つかった場合は、西洋医学できちんと治療をするべきです。そこは間違えないでほしい。でも、検査結果に問題がなく、「ストレス性」とくくられてしまうような慢性的な不調を抱え、それが自分にとってあたりまえになっているなら、アーユルヴェーダ（東洋医学）に頼ってみてほしい、というのが私の考えです。

「まぁいっか」マインドで、ストレスフルな自分を許す

私の話に戻ります。自然の力の素晴らしさと、脈と症状を見ただけで原因を突き止めた不思議さに、関心がさらに深まって、もっと本格的に勉強したい！　と思い、そのドクターが教える認定プログラムで1年ほどかけて、アーユルヴェーダの概念、食事法、美容、ヨガなど幅広く学びました。

独学でアーユルヴェーダを勉強していたときは、何時に起きて、朝ごはんの前には軽く運動してシャワーを浴びて、瞑想して、消化にいいものだけを食べて……など、言われた通りに生活しなきゃいけないと思い込んでいた時期もありました。でもあるとき、クラスで先生が「午後にコーヒーを飲むのはよくないって言うけど、私の体質

だとお昼ごはんの後はいつも眠くなっちゃうから、飲むわーあははー」と言ってコーヒーを飲みながら笑っている姿を見て、ルールに縛られない柔軟なアーユルヴェーダの考え方がすごく素敵だなって思ったんです。

世の中には、たくさんの自然療法があり、どれも素晴らしい理念に基づいていますが、中には、これはダメ、こうしなさい、という制約が多いものも。不調を改善するための食事療法も、我慢をしたり、無理をして頑張ったり、守れない自分を責めることになってしまうと、それが別の意味でストレスになるし、長く続けるのは難しいですよね。

アーユルヴェーダが、ほかの自然療法と違うのは、ストイックなルールで縛るのでも、頭でっかちな理論でガチガチに固めるのでもなく、「まぁいっか」という寛容なマインドがあるところ。No! Never! ではなく「いけないとわかっていても、やっちゃうことあるよね、人間だもの」と許容してくれるんです。

その「まぁいっか」マインドは、私が生活の中にアーユルヴェーダを取り入れるときのモットーにもなっていて、現代的なライフスタイルはそのままに、無理なく自然とのバランスを取るためにアーユルヴェーダの知恵を生活に活かしています。基本の生活はなるべくヘルシーにしていても、たまにはハメを外して食べ過ぎちゃったり飲み過ぎちゃったり、仕事のしすぎで体を酷使してしまうことだってありますよね。それに、現代社会での生活ではストレスを避けることもなかなか難しくて、過食になってしまったり、ジャンクフードに手が出てしまったりするのはよくある話。実際、私もジャンクフードが大好きで今でも食べることがあるのですが、食べたいときは罪悪感を持たずに思いっきり楽しんじゃいます。でも、食べる前に温かいお茶か白湯を飲んで本当に食べたいかを確認したり、食べた後には消化を助けるお茶を飲んだり、次の食事でバランスを取ったりして、食べた自分を否定することがないようにする。これらも全部アーユルヴェーダの知恵なんです。

今どんな生活をしていても、そのときの自分を整える方法を教えてくれる。しかもどれも自然な方法で。無理がないから長く続けられるんです。

アーユルヴェーダは自分の心地よさを見つける旅

あなたが不調と友達になったのは、いつからでしょう。学生時代？　それとも社会人になってから？　もしかして１００％元気なんてあり得ない、と諦めている？　体のどこかにいつも小さな爆弾を抱えて不安な気持ちでいませんか？　それをあたりまえ、自分のアベレージと思ってほしくないんです。朝起きた瞬間から夜寝るときまで、うっすらグレーに曇っている毎日から、抜け出さないと！

不調を感じたときに、痛みに鈍感になったり、薬でその場をしのぐのではなく、アーユルヴェーダの発想で「こんなときは、体がこうなっているから、こうしてあげよう」と自分で自分を癒せる力を身につけたら、どれほど毎日が心地よく、快適になるか。

朝は気持ちよく目覚めて、やる気がみなぎっていて、野菜も肉も魚もおいしく食べて、要らないものはしっかり出す。頭はすっきり、体は軽くやわらかく、しなやかな筋肉を動かして、温まって、疲れたら眠くなる。顔色がよくて、なめらかな肌にはツヤと透明感がある。それは理想なんかじゃなくて、誰だって本来はそうなる力を持っています。そして、不調から解放されると自然と機嫌がよくなって、表情に明るさが戻り、人にもやさしくできるから人生が好転し始めるんです。

1日が24時間じゃ足りないほど忙しい毎日でも、イライラやストレスが消えなくても、パーフェクトに健康的とは言えない食生活でも、不調とともに生きる人生は手放せます。あるのがあたりまえだった不調がなくなったら、どんな未来が待っていると思いますか？　そこにはきっと、なりたい自分がいるはずです。

この本をナビゲーターに、軽やかでゴキゲンな毎日を取り戻し、自分だけの心地よさを見つける旅に出ましょう！

アーユルヴェーダは究極のセルフラブ

PART 1

いい・悪いでジャッジしない。ノールールだから心地いい

自分が望まなくても、ＳＮＳなどを通して健康や美容に関する情報が絶え間なくものすごいスピード感で目に入ってくる現代社会。「スーパーフードやサプリメントを摂取するとアンチエイジングに効果的！」「グルテンや動物性食品は食事から排除した方がいい！」とか、有名人おすすめの美容法や流行りの運動法など、世の中、本当にたくさんの情報に溢れています。

これらの健康法や食事法を実践しようとするとき、そのほとんどが、食べていいもの／食べちゃいけないもの、やっていいこと／ダメなこと、のように、白か黒かでジャッジするもので、ルールに縛られてしまいがちです。その結果、頭で考えすぎてしまい、何をすればいいのかわからなくなり挫折、もしくは窮屈になって毎日が楽しくなくなる、というパターンを経験したこと、ありませんか？　私は何度もそんな経験

をしました。迷って不安になり、またSNSを覗くと、そこにはキラキラした日常を過ごしているような美しい人ばっかり……！　そこまで親しくもない誰かと比べて、気持ちが沈んでしまうのもSNSの怖い部分ですよね。

痩せてキレイになるためには努力が必要、と食べたいものを必死に我慢した数日後には、その反動で食べ過ぎて自己嫌悪、なんてこともよくあります。今やろうとしている美容法や健康法は、長く続けられるものでしょうか？　心も体もいい方向に変われそうですか？

流行の健康法とは土台となる考え方がまったく違うのが、アーユルヴェーダです。みなさんは、アーユルヴェーダと聞くと、こんなイメージを思い浮かべるかもしれません。難しそう。面倒くさそう。ストイックなルールが多そう。それらはすべて誤解です。もっとシンプルで簡単で、心地いいもの。私がアーユルヴェーダで好きなことの1つに「いい・悪いの判断がない」というのがあります。何事においてもルールではなく、バランスを取る方法を教えてくれるのです。

たとえば、アイスクリーム。砂糖たっぷりのアイスは甘くて冷たくて、アーユルヴェーダ的にも食べ過ぎれば消化力を下げて毒になると言われています。もちろん積極的に食べたいものではありません。でも、ダメという代わりに、楽しみ方やバランスの取り方を教えてくれるのがアーユルヴェーダ。食べるときはなるべく消化力が一番高まる午前10時~午後2時の時間帯に、アイスと一緒にジンジャーティーを飲んで消化を助ける、温め効果のあるスパイスをかけて食べるなど、シンプルで簡単にできるアドバイスを教えてくれます。

もしNOとジャッジされたら、どうしても食べたくなって手を出したときに、罪悪感にかられ、食べてしまった自分を責めてしまいますよね。アーユルヴェーダはあなたを突き放しません。深いけれど頑なではなく、人の心と体にやわらかく寄り添ってくれるのです。

どんなものも適切に取り入れれば薬になり、乱用すれば毒になる

アーユルヴェーダでは、一般的には体に悪いとされるものであっても、正しく適切に取り入れることで薬になり、体を整える存在になりうると教えます。反対にどんなに体にいいと言われるものであっても、摂りすぎればそれは毒になる。大切なのは何を取り入れるかよりも、どう取り入れるか。ルールではなくリズムに乗ること。アーユルヴェーダは、悪いものをよくしようとするだけではなく、いいものをよりよくしていくもの。今の自分を嫌うのではなく、もっと好きになる。否定ではなく、受け入れる。人生を制限するんじゃなくて、より自由にするものだと思うのです。

実は私たちの体って、いつでも今の自分に必要なものが何かを教えてくれるようにできています。さっきのアイスの例えで言えば、アイスを食べたい、と感じるのも、体のサイン。そしてアーユルヴェーダを知らなくても、アイスを食べてお腹が冷えれば何か温かいものが飲みたいなって思いますよね。だから、ルールとして捉えるのではなく「自分の感覚」というそれぞれのリズムに乗ることが大切なんです。

自分がゴキゲンになる方法は、自分が一番知っている

とはいえ、現代に生きる私たちの多くは自分の体の声を聞いたり、バランスを取ったりすることに苦労しているように思います。たとえば、心の中では「疲れているし、睡眠の妨げになるからもうスマホを置いて早く寝ないと」と思っているのに、ベッドに入ってからも仕事のメールをチェックしたり、SNSをスクロールする手が止まらなかったり。本当は家でゆっくり休みたいのに、友人の誘いを断れなかったり。こうして、自分の感覚に知らず知らずのうちに蓋をして無理をして疲弊してしまっている……。それは体の声を無視しているのではなく、体の声がちゃんと届いていないのでは？ と感じます。時間の流れが速すぎて、それを受け止める余裕がないのかもしれません。

そもそも私たちの体には、健康になろうとする本能が備わっています。疲れたら眠

り、冷えたら温め、運動不足を感じたら体を動かしたくなる……。その生まれながらにして持っている機能と感覚を取り戻すために、アーユルヴェーダを取り入れて「自然」を意識するようにしてほしいんです。

「自然」と一口に言っても、3つの意味があります。

1つ目は、山や海や川、自然の食べ物など、外から見える自然。
2つ目は、自然の法則に従って暮らすということ。
3つ目は、直感や体の声など、私たちの内側にある自然。

「自然」を意識して生きる＝田舎暮らし、ではありません。山の中や自然の近くに住むことができなくても、緑の多い公園や海に出かけたり、裸足で芝生を歩いたりすることでいつでも自然と繋がれます。アメリカではこれをグラウンディングと呼び、公園に行くと芝生の上で寝転んだり、裸足で歩いたりして自然と一体化している人がたくさんいます！

それから、口にするものをできる範囲で自然なもの（有機野菜や自然由来の調味料など）に変えることで体は常にヘルシーな状態に。ジャンクなものや手作りでないものもたまにはいいけれど、そればかり食べていると内臓が疲れ、頭はすっきりせず、腸内環境も乱れてしまいます。

朝日とともに起きて、日が沈んだら眠る。朝から仕事を始めて、夕方になったら手を止め、1日頑張った体を癒してあげる。内側から湧き上がってくる欲求に逆らわず、あるがままを受け入れて生きる。たとえビルとアスファルトに囲まれた緑の少ない大都会に住んでいても、こんな風に日常の中で自然と繋がることができれば、私たちはいつでも自分の中心と繋がって、元気でポジティブに毎日を楽しく生きることができるんです。

私も自然の流れに合わせた生活をし始めて、体の声がよく聞こえるようになりました。疲れたから、そろそろ仕事を切り上げよう、とか、体を酷使したからお風呂に入ってリラックスしたい、またはストレッチをしてこわばった体を緩めよう、今週は頑張ったから週末は自分を解放してジャンクフードとお酒を楽しみたい！　とか。これほど長くアーユルヴェーダを実践している私だって、コンビニのごはんやアイスを食べたくなるときがあります。ジャンクなものを食べていいんですか？　と質問をいただきますが、刺激でしか緩められない緊張もあるんです。そんなときは、体の欲求に従って、タイミングを考えたりバランスを調整するものをプラスしたりしながら、楽しんで食べる。

これが正解、これが間違いというジャッジはなし。マニュアル通りに完璧にやることが目的じゃなく、気持ちがいいという感覚に従うのがアーユルヴェーダライフ。自分がゴキゲンになる方法は、自分が一番知っているはずでしょう！　私たちはすべての答えを自分の中に持っているのに、それを聞けずにいるだけなんだと思います。毎日の生活の中で常に体の声を聞いて、それに答える練習をしていれば誰でも必ず身につけられる最高のスキルなんです！

そして、体の声を聞くというスキルは、自分に興味を持つことでもあります。今までわからなかった自分の体を知るって本当に楽しいし、「だからこうなのか！」といろいろ腑に落ちるはずです。どこに行っても解決できなかった病気未満の不調や不具合を、自分の力でリセットできるかもしれません。

１００人いれば、１００通りの体質がある

アーユルヴェーダのポイントをあげるなら、この３つです。

- いろいろな方法を試してみること
- 自分のニーズに合わせて選ぶこと
- 自分の体質に合うものを見つけること

アーユルヴェーダでは１００人いれば１００通りの体質があると言われています。だから世の中でいいと言われるものが、合わない人もいるのは当然のことなんです。どんなに体にいいと言われている健康法でも、それがその人の体質に合っていなければ

ば体はイキイキしてこない。大切なのは自分の体質を知り、体の声に耳を傾け、不調に気づき、それに合った選択をするということなのです。

ドーシャを理解し、自分の体質を知ろう

自分の体質をどうやって知ればいいのか？　それを教えてくれるのが、アーユルヴェーダの「ドーシャ理論」です。ドーシャとはあらゆる物質の性質やエネルギーを意味し、ヴァータ（風）、ピッタ（火）、カパ（水）という3つのタイプがあります。これは私たち「人」にも関係していて、ドーシャのバランスが私たちの体質や体形、性格を決める、と考えられています。

ではそのドーシャは、どうやって決まるのか？　これは両親の遺伝から、妊娠時の母親の食事、出産時や幼少期の体験まで一連の要因が影響していると言われます。

ここからが重要なのですが、3タイプのドーシャは性格の違う3人きょうだいのよ

うな存在で、実は誰もが自分の中に仲よしの3人の子どもを持っているのです。3きょうだいの中に基本の（優勢な）ドーシャがあるものの、長女・長男・末っ子のように3つのドーシャが仲よく共存しています。このときは、体のコンディションもよく元気。ところがライフスタイルや食事の乱れなど、さまざまな理由から、3人がきょうだい喧嘩をしてドーシャのバランスが乱れると、体調が悪くなったり気分がモヤモヤしたり、という不調が表れます。

ちなみにリーダーとなる基本の（優勢な）ドーシャは必ずしも1つとは限りません。占いにたとえるとわかりやすいかもしれません。大体の性格は合っているけれど、この部分はまったくあてはまらない、と思うこと、ありますよね。射手座だけど、蠍座や山羊座の要素もあるとか。A型だけどここはO型っぽいとか。体質だけでなく、性格まで決めるドーシャは、まるで占いのよう。基本はありながら、誰もが3つの要素を持っているから、「何かだけにぴったりハマる」のではなく「この部分はヴァータだけど、ここはピッタ」ということが普通にあるんです。だから「私はこれ」ではなく、「今日はこれが優勢」と捉える方がしっくりくるでしょう。

このドーシャ理論を頭の片隅に入れておくと、自分の身の回りや自分の体の中で起きていることが、なんとなく理解できるようになります。

では、さっそく自分の基本のドーシャをチェックしてみましょう！　体質を知るためには、子どもの頃（小学校低学年〜中学年）の自分を思い出してみてください。あてはまる項目の多いドーシャがあなたの体質に大きな影響を及ぼしています。

ヴァータタイプ（風）

性質

冷たく乾いた流動的な「風」

乾燥

冷たい

細い

スピード感

流行に敏感

飽きっぽい

「動き」の性質

肉体

ほっそりした細身の体形で、背が高くすらっとしているか、背が低く華奢な傾向。寒がりで、手足はいつも冷たい。肌や目が乾燥しやすく、爪が弱い人が多い。食欲には波があり、排泄も不規則で便秘がち。たくさん食べても太らない体質。

性格

想像力が豊かでアクティブな性格。社交的。旅行が好き。流行に敏感で新しいことをすぐに取り入れるが、飽きっぽくて長続きしないところも。理解するのが早いが、忘れるのも早い。同じことをずっとやるのが苦手。活発だけど、優柔不断で、急に不安を感じることもある。心配性。

なりやすい不調

肌の乾燥、便秘、お腹の張り、体の痛み、関節痛、生理痛、不眠

セルフケアのポイント

規則正しく生活し、体を温めること。

良質の油を食事に取り入れて、体内にもしっかり潤いを与える。

ピッタタイプ（火）

性質

一瞬で燃え上がる激しい「火」

鋭い　熱い　行動的　リーダーシップ

短気　攻撃的

「熱さ」の性質

肉体

痩せすぎでも太りすぎでもないバランスの取れた筋肉質傾向。体温が高く、暑がりで、汗っかき。運動が好き。目力が強く、ニキビや炎症が起こりやすい敏感肌。食欲旺盛で、消化力が強い。排泄は頻繁だが、下痢になりやすい。体重の増減が激しい。日焼けしやすい。

性格

行動力があり、チャレンジ精神旺盛。リーダーを任されやすく頭がいい。負けず嫌いで、高級品や美しいものが好き。働きすぎで燃え尽き症候群になりやすい。短気、完璧主義で小さなことでイライラする。ストレスを感じると、怒りを我慢できず攻撃的になりやすい。

なりやすい不調

胃の荒れ、胸やけ、下痢、ニキビ、肌の炎症、目の充血、イライラ、抜け毛、白髪、火照り

セルフケアのポイント

リラックスして、クーリングを意識する。
働いた分、しっかり休んでストレスを発散させるなどして熱を冷ます。

カパタイプ（水）

性質

どっしり重く溜めやすい「水」

重い

大きい

粘り気

愛情深い

落ち着き

平和主義

「重さ」の性質

肉体

骨格は中程度から大柄で、ふっくらした傾向。肌や髪は強く、色白でやわらかくて潤いがある。食欲旺盛で、消化と排泄に時間がかかる。太りやすく、痩せにくい。安定したエネルギーとスタミナがある。

性格

ゆったりとマイペースで、穏やかな性格。変化よりも安定を好み、対立や競争より平和を求める。始めたことは最後までしっかりやり切るタイプ。本質的に愛情深く、思いやりがあり、寛大で親切。辛抱強く、落ち着いている。ストレスを感じるとこもりがちになり、どんよりとしてやる気を失う。

なりやすい不調

太りやすい、むくみ、冷え性、アレルギー性鼻炎、鼻詰まり、気管支炎、眠気

セルフケアのポイント

体を動かして、エネルギーを動かす。

昼寝は避けて、重い食事や食べ過ぎに気をつける。

私の基本の体質は「ピッタ・ヴァータ」（優勢なドーシャが前）です。それがわかったおかげで、長い間悩んでいたニキビは体質が関係していたんだとすごく腑に落ちました。ピッタの体質は体内に熱がこもりやすいタイプ。体に熱が溜まってピッタ（火）のエネルギーが高まると今でも肌荒れが起こります。それから、食べ物などで腸内が乾燥してヴァータ（風）のエネルギーが高まると、便秘が起こる傾向にあります。

熱には水を、乾燥には潤いを

ドーシャ理論は不調の原因だけでなく、その対応策も教えてくれます。基本的にドーシャを整える方法は、優勢なドーシャとは反対の性質を取り入れることです。

ヴァータの場合は、「乾燥、冷たさ、速いスピード」が乱れの原因になるので、反対の「潤い、温かさ、落ち着き」を取り入れます。

ピッタの場合は、「鋭さ、熱さ、過剰な行動」が乱れの原因になるので、反対の

「涼しさ、やさしさ、落ち着き」を取り入れます。

カパの場合は、「重さ、冷たさ、粘り」が乱れの原因になるので、反対の「軽さ、温かさ、乾き」を取り入れます。

難しそう、と思われがちなアーユルヴェーダですが、根本はとてもシンプル。自分のドーシャのバランス（体質）をベースに、それよりもエネルギーが上がりすぎることによって心身に不調が表れる、と考えられています。その乱れたドーシャに気づいて、整えてあげることがアーユルヴェーダ的セルフケア。こんな風に原因がわかると、起こることに逆らうのではなく、今の自分の状態を受け入れて、正しくケアすれば不調を改善したり、未然に防いだりできるので、恐怖心や不安に振り回されることがありません。自然の薬箱のように、必要なときに必要なものを取り入れる。アーユルヴェーダは、認識して、メンテナンスし、バランスを整える方法。そしてその結果、不調や病気を遠ざけることができるのです。

私が運営しているキッチンファーマシーのWEBサイトでも体質チェックができる

ので、気になる方はぜひ調べてみてください。もっと詳しく知りたいという方は、サロンやアーユルヴェーダドクターなどプロに診てもらいましょう。

https://www.kitchen-pharmacy.com/ayurveda

体質にこだわりすぎず、季節や環境で変わるカラダの声を優先する

ここまでで、基本のドーシャがわかったと思いますが、3人の子どもたちは日々、力関係が入れ替わっているので、いつも同じというわけではありません。それに、私たちの体調は、ドーシャだけでなく、天候、気温や湿度、食事、環境、ストレスの影響を受け、常に変化しています。だから、その日、そのときの体の声に耳を傾けることが、自分を整えるためになになにより大切なのです。

私がアーユルヴェーダを実践し始めた頃は、とにかくヴァータが乱れていて基本の体質に忠実にあらねばとまっすぐに思い込み、ヴァータを整える生活を意識しました。

食事は必ず火を通したもの、重めで良質の油を含んだものを積極的に食べ、毎日入浴を欠かさず、靴下を何枚もはいて体を温める……。どれもヴァータの性質と反対の要素を取り入れたものだし、健康的なことだと思いますよね？　しかし、そんなライフスタイルを続けて春になってくると、どんどん調子が悪くなっていき、体は重く、肌は荒れ、イライラしてやる気を失い、夜中に目が覚めてうまく眠れない日々が続きました。

私のヴァータを整えるライフスタイルは、寒くて乾燥する秋冬にはとても向いているのですが、春夏のような暑く湿気が増える季節にはもっと軽さと涼しさが必要だったのです。洋服でたとえるなら、季節の変わり目に日中は暑いから薄着でいいけれど、夜は冷え込むからカーディガンを持って出かけよう、というような柔軟な対応をすればよかったんです。詳しくはPART4で解説していきますが、自分の体質にこだわりすぎず、季節の変化に合わせて体が感じるドーシャの乱れも変わっていることに気づくべきでした。

季節や体調によって食べたいものが変わるのはよくあること。これは、そのときの体を整えるためにも必要で、体が自然にわかっているから欲求を感じるんです。日々の生活、環境、季節などいろいろなものの影響で体が求めているものも不調も変わってくるので、ここではドーシャにこだわりすぎなくていいんだよ、ということだけ覚えていてくださいね。

「セルフケア」と「セルフラブ」は違う

自分の体の声に耳を傾ける大切さがわかったら、さっそくアーユルヴェーダの実践編として、PART2のセルフケアを始めてみましょう。

でもその前に、「セルフケア」と「セルフラブ」の違いについてお話ししたいと思います。

みなさんは「セルフケア」と「セルフラブ」、この2つの言葉の違いをどう理解していますか？　これは、自分を大事にする上でどちらも欠かせないもの。だけどほとんどの人がセルフケアの方ばかりに意識を向けていて、セルフラブがすっぽり抜け落ちてしまっているように思います。私なりの理解はこんな感じです。

セルフケア

「行動」で自分をケアすること。新鮮で栄養のある食事を摂るとか、エステや美容院に行ってお手入れしてあげるとか、お風呂上がりのスキンケアやボディケアを欠かさないとか。外から与えるケアのこと。

セルフラブ

「マインド」で自分をケアすること。自分自身の体はもちろん、今考えていることや、思っていることに気づいて受け入れてあげること。いい／悪いの判断はなく、自分を否定せずに、ただただ受け入れて肯定してあげること。

この2つの言葉って、似ているようで、実は全然違う意味なんですよね。一生懸命セルフケアしているつもりでも、セルフラブ（自分を受け入れて肯定すること）ができていなければ本当の意味での満足感を得ることは難しいもの。セルフケアの効果を最大限に引き出すためにも、まず意識したいのはセルフラブです。
セルフラブを実践するには、「どんな自分も受け入れます」というマインドから始めます。

セルフラブとは美容院やエステに行くことじゃない。
セルフラブとはスーパーフードを買うことじゃない。
セルフラブとはカロリー計算をすることじゃない。
セルフラブとは嫌いなことを頑張って続けることじゃない。
セルフラブとは他人と比較することじゃない。
セルフラブとは鏡を見て欠点を指摘することじゃない。

セルフラブとは自分と会話すること。
セルフラブとは深呼吸を5回すること。
セルフラブとは自分の体形を受け入れること。

セルフラブとは自分に助けを求め、応えてあげること。
セルフラブとはネガティブを受け入れポジティブな力に変えること。

日本には自分より相手を優先して考えることを美徳とする文化があります。それは本当に素晴らしいことだし、日本人として誇りに思うところでもあるのですが、そのことが自分を大切にできない原因にもなっているような気がします。海外の人を見ていると、本当に自己肯定感が高いんです。いい意味でまったく他人の目を気にしていないし、とにかく自信を持っている人が多い。もちろん全員とは言わないけれど、性質的にそういう人が多いように感じます。友達と約束をしていても自分が一杯一杯で余裕がないと気づいたときには、たとえそれがドタキャンだったとしても素直にごめんと言って断ったり、仕事と家事や子育てで忙しいお母さんたちも、家族が朝起きる前に5分でもいいから静かな「自分の時間」を作ったり、ときには周りに頼って心の平和を保ったりしています。

自分を優先するって聞くと自己中心的なイメージで、わがままを言っているような気がして抵抗を感じる人もいるかもしれません。でも、全然そんなことはないんです。他人を適当に扱ったり、相手に嫌な思いをさせたりする行動や発言はよくないと思いますが、「自分を大切にする」ことは人生をより豊かなものにしてくれます。自分を大切にしているからこそ生まれる余裕ややさしさって、必ず周りにも伝染するもの。他人に影響されない自分。一緒にいるだけで心地よく感じてもらえたり、楽しいなって思ってもらえたりする人でありたくないですか？　私は、自分をちゃんと大切にできている人と一緒にいると、とってもポジティブなエネルギーを感じてうれしくなるんです。

もう1つ海外の人を見ていて思うのが、みんなすぐ自分のことを褒めます！　変な話、そんなことができたくらいで自分を褒めちぎるの!?ってくらい（笑）。でも、小さなことでもできた自分をしっかり褒めて、認めてあげることが自己肯定感を高める秘訣なんだと思います。遅くまで寝ていたい朝もちゃんと起きられた！　とか、いつもよりちょっと多く歩いた！　とか、やる気の出ない日でもこれだけはやった！　っていつも褒めてあげているんです。これは、誰もが今すぐできることなので、ぜひ真似して実践してほしい。

できていない自分や、世の中の正解にあてはまっていない自分を責めていませんか？　セルフラブって自分で自分を満たし、幸せにする日々のトレーニングのようなもの。相手から与えられて感じる幸せも素晴らしいけれど、自分の力で幸せになってこそ、本当の幸せだと思います。

今がどんな自分であったとしても、いつのまにか重なってしまった古皮を1枚1枚めくっていくように無理なく自分を整えて、本来の自分になっていく。自分自身をよく知り、よく観察した上で、必要なセルフケアをしてあげる。アーユルヴェーダは究極のセルフラブなのです。

キレイを底上げするアーユルヴェーダ美容

PART 2

すべてを決める、「朝」の過ごし方

自然のリズムに寄り添って生きるアーユルヴェーダ。そのアーユルヴェーダには、サンスクリット語で「ディナチャリア」という理想的な1日の過ごし方があります。普段の生活を「ディナチャリア」の流れに合わせることで、無理なく思考やエネルギーがポジティブに変わり、仕事の効率もよくなり、体のコンディションも整ってくるから不思議です。

アーユルヴェーダは、時間にも自然の知恵があると考え、1日24時間を、午前と午後の6時~10時、午前10時~午後2時と午後10時~午前2時、午前と午後の2時~6時という3つの時間帯に分け、それぞれのエネルギーや体と心の状態に対応するベターな過ごし方を説いています。

特に外せないのが「朝」の過ごし方。朝はもっとも神聖な時間として考えられていて、1日の始まりをどう過ごすかで、その日の気分や体調を大きく左右してしまうほど、とても大切だからです。

寝ている間に消化されて集められた毒素や老廃物をしっかり排出する朝のデトックスルーティンで、視覚・聴覚・嗅覚・味覚・触覚という五感をクリアに整えてから、食べて、飲んで、会話をして家事や育児、仕事をする。五感が正常に働くと、過去や未来にとらわれず「今ここ」にフォーカスし、ストレスフリーになる「マインドフルネス状態」になりやすいとも言われます。

朝起きてから仕事に行くまで、そんな余裕はない！　と思うかもしれません。でもフルバージョンでも30分、短縮バージョンなら15分程度で、1日がポジティブに動き、ずっとゴキゲンでいられるんです。この早起きは三文以上の徳！

とりあえず明日から、寝起きのベッドの中でスマホを見るのはやめて、パッと起きましょう！　それが五感デトックスのファーストステップです。

最高の1日が始まる8つのモーニングルーティン

1 起床時間

8時間睡眠で朝6時までに起きるのが理想。でも仕事もあれば趣味や付き合いもあり、夜12時前に眠るのが難しい人も多いはず。寝る時間が遅かったり睡眠満足度が低かったりする場合は、無理をする必要はありません。実は体質別におすすめの睡眠時間は違います。

- ヴァータ体質、またはヴァータが乱れている人……8時間
- ピッタ体質、またはピッタが乱れている人……7時間
- カパ体質、またはカパが乱れている人……6時間

自分の体に合う睡眠時間を参考に、朝起きたい時間から夜寝る時間を逆算してベッ

ドに入る習慣をつけるといいですね。

朝起きるのが辛い、という人は、目覚めにペパーミントやユーカリの精油をかいでみて。脳が自然に覚醒のスイッチを入れてくれるはずです。

2 舌磨き（毎日）

起きたらまず洗面所にGO。最初のデトックスは、内臓と繋がる舌です。朝の舌には、前日の食事の未消化物が浮き上がっていると言われ、舌の上の白い膜のような舌苔《ぜったい》の量もその日によって違います。この舌苔、アーユルヴェーダでは午前10時を過ぎると体内に戻ってしまうと言われているので、朝一番にタングスクレーパーで磨いて、すっきり取り去りましょう。

3 オイルプリング

次に浄化するのは、体内の玄関「口内」。大さじ1杯のフレッシュな食用オイルを口に含んで、5〜10分ブクブクしてからティッシュに吐き出します。ブクブクした後のオイルには口の中の細菌や老廃物がたくさん混ざっているので絶対に飲み込まないで！

口の乾燥が気になる人は、良質の太白ごま油がおすすめ。粘膜や歯茎が潤いドライマウスの改善にも効果的。ココナッツオイルは、抗炎症効果があり常在菌バランスも整え、口内炎、歯周病や虫歯の予防に役立ちます。オイルプリングは口周りの筋肉を使うエクササイズになるので、毎日続けるとほうれい線にも変化あり！

4 白湯（毎日）

朝一番に体に入れるのは、コップ1杯の白湯。内臓にパワーを与え、これから1日、食べたり飲んだり腸が働く時間が始まるよ、と体に伝えます。消化力がアップし、お腹を温めることで体の冷えや肩こり、腰痛を楽にし、腸を刺激して便秘を解消するなどメリットは数えきれません。朝起きた瞬間にお湯を沸かして白湯を作り、それを1日かけて少しずつ飲むと、体質が変わったかと思うくらいデトックスできます。

白湯の作り方

白湯＝ぬるま湯、と思っている人がいるかもしれません。忙しい人、時間がない人はウォーターサーバーを使ってもいいのですが、余裕があれば、アーユルヴェーダ的な白湯の作り方にチャレンジしてみてください。

鉄瓶に水を入れて蓋を開けて沸かし、沸騰してから10～15分気泡が出るまで火にかけたままにし、60℃くらいに冷ましてから飲みます。〝蓋を開けたまま〟というのがポイントで、そうすることで水に火と風の質が加わり、3つのエネルギーを持ったバランスのいい飲み物に。これをタンブラーなどに入れて携帯して、日中も飲むようにすれば、体内の老廃物の排出がスムーズになり、デトックス効果がアップ！

5 排便（毎日）

便秘がデフォルトになっている人、多いですよね。でも便は最大の老廃物なので、体の中に溜めておくのは百害あって一利なし。毎日1回、水に浮くバナナ状の便を出すことを目指したい！

便秘の原因は腸の動きが悪いことですが、アーユルヴェーダ的には2つの理由があると考えます。1つは大腸の脱水状態。硬くて出づらく、便がコロコロしているならこのタイプ。もう1つは不規則な生活と偏った食事、冷たいものや脂っこいものを摂りすぎて消化されず体に溜まってしまっている、ねっとり便タイプ。1つ目の乾燥が原因のコロコロ便秘には、食用の油で潤いを与えることが有効で、2つ目のねっとり便秘には、葉野菜や食物繊維、生姜などで消化力を上げることが重要。体を温め消化力を上げる白湯はどちらにも効くので、モーニングルーティンで白湯の後にトイレに行く習慣を。

コロコロ便、ゆるゆる便の改善TIPS

乾燥が原因の便秘には、反対の性質である〈潤い〉を取り入れます。まずは、ギー（146ページ）、オメガ3脂肪酸の豊富なエゴマ油やアマニ油、オリーブオイルをたっぷり摂ること。食器の油汚れが水で落ちにくいように、体の中も頑固な汚れは水で落ちないので、体を冷やす生野菜や生ものは控えめにし、白湯を飲んで温かいお湯で洗い流してあげましょう。おすすめなのが、朝と夜や、寝る前に温めたミルクをコップ1杯飲むこと。牛乳でも豆乳でもいいので、そこに小さじ1杯のギーを入れて飲むと潤い効果で腸の動きが活発に。下半身が冷えると体が緊張状態になって腸が働きにくくなるから、下半身を温めるよう意識して、人肌に温めたオイルで腸マッサージするのもいいです。

逆に気をつけたいのは、日本茶の飲み過ぎ。苦味と渋味は、体の中を乾燥させる作用があって腸から水分を奪ってしまうんです。それと乾燥が原因の便秘には、食物繊維の摂りすぎも注意。脱水症状が進んでしまう可能性が。

ねっとりタイプの便秘は、消化力を上げることが大事。黒胡椒や生姜などのスパイス、葉野菜、食物繊維。朝、白湯に生姜パウダー小さじ1杯か生姜スライス2、3枚を入れて飲むのもおすすめです。基本的に食べ過ぎに気をつけて、パスタや脂質の多い食事を減らしたり、定期的にグルテンフリーやオイルフリーを取り入れたりしてみると、消化が楽になるはず。

便秘の逆で、食べたらすぐ出るタイプも、手放しでは喜べません。これは、食べ物がうまく消化されず、栄養が吸収されないまま出てしまっているということ。いつも便が緩めで水っぽいのは体の中でピッタが暴れている、熱が溜まっているサインなので、熱を冷ますような食事を意識したり、緑の野菜を多く摂ったり、レモン水を飲んだりして体をアルカリに整えて、暴れているピッタを落ち着かせてあげましょう。

6 鼻うがい

脳の入り口と考えられている鼻。鼻の通りが悪いと、頭やマインドがクリアになりにくいんです。花粉症の人は頭がぼーっとする感じ、わかりますよね。だから鼻うがいですっきり浄化。鼻洗浄用のポットにぬるま湯と小さじ1／4の岩塩を混ぜて、頭を横に傾け、ポットの先を片方の鼻の穴に流し込むと、もう片方の鼻の穴から自然に出てくるので、これを続けます。

鼻うがいが終わったら、ホホバオイルやごま油を小指につけて、鼻の穴の粘膜に塗り込んで保湿の仕上げも忘れずに。鼻も喉も、粘膜が乾燥しているとフィルターが利かなくなって空気中の悪いものを取り込みやすくなるんです。オイルで潤いをキープすると、風邪もひきにくくなりますよ。

7 耳マッサージ

自律神経と深い関わりのある耳。めまい、耳鳴り、偏頭痛がある人は、耳のマッサージを覚えておきましょう。乾かさないように手にオイルをつけて、耳たぶや耳の外側をつまんで、引っ張ったり、ぐりぐり回したり。体がじんわり温まるので、特に体が冷えやすい秋冬は耳マッサージの効果を感じやすいはずです。

8 アビヤンガ

アビヤンガとは、全身のオイルマッサージのこと。自分の手で自分を慈しむ究極のセルフケアです。良質のオイルをたっぷりと浸透させながら撫でるようにマッサージすることで、血液やリンパの循環をスムーズにし、体が温まり、筋肉や関節の柔軟性もアップ。エイジングを予防する効果も。

体を整えるオイルの種類も体質によって変わります。ヴァータは重めのごま油など。ピッタはクーリング効果のあるココナッツオイルやMCTオイル。カパは軽めのスイートアーモンドオイル。ホホバオイルなら、どの体質にも調和します。日焼け後のボディにはココナッツオイルがおすすめです。

朝は、人肌に温めたオイルを頭頂部にごく少量と、耳、足の裏、足の甲に、皮膚が吸収しきれないくらいたっぷりなじませ、靴下やスリッパをはいて15分ほど放置。深く浸透したオイルが毒素を絡め取って戻ってくるので、それをシャワーでさっと流します。オイルを使うことも重要ですが、全身を自分の手で触ることで、どこが冷えてどこが滞っているかがわかる。これは、自分の体を知り、愛を与える行為なんです。だから、マッサージしていると、足りていないところが埋まっていくような、ハンモックに包まれているような感覚に。冷えが改善されて生理痛は楽になり、自律神経のバランスが整うので更年期の不調にも効果あり。朝はデトックスのために、夜は疲労を回復し、神経をリラックスさせるために。３日でも変化を感じますが、１週間続けると地に足がついたように気持ちが落ち着くのを感じるはずです。

アビヤンガで心と体が整うと、生命エネルギーが高まり、キラキラ輝くようなオーラを放つ、アーユルヴェーダで言う「オージャス」に満たされた状態に。「オージャス」が増えると、ストレスに強くなり免疫機能が活性化。肌にはツヤが溢れ、表情が明るく輝き、気持ちが穏やかになり、そのポジティブなオーラに人が集まると言われています。

「なりたい自分」別に選ぶ、モーニングルーティン

舌磨き、白湯、排便は、どんな人にもぜひ毎日やってほしいものですが、ほかのルーティンは、もともとの体質や、その日の体調、今日なりたい自分で選んでもＯＫ。体調は、朝起きたときの舌の状態か、体の感覚で判断できます。

舌でチェック

- 舌苔が青白く乾いている……ヴァータ（が乱れている）
- 舌が赤く腫れている……ピッタ（が乱れている）
- 舌が真っ白で、舌磨きで舌苔がたくさん取れる……カパ（が乱れている）

体の感覚でチェック

- ソワソワする感じが止まらない……ヴァータ（が乱れている）
- パートナーに当たるなど攻撃的になる……ピッタ（が乱れている）
- 朝起きてもすぐに動けない……カパ（が乱れている）

今日の体調がわかったら、どんな自分になりたいか、を考えてみましょう。

（1）集中力を高めて、活動的に過ごしたい（ヴァータを整える）
（2）想像力豊かに、リラックスしたい（ピッタを整える）
（3）体も心もすっきりして、軽やかになりたい（カパを整える）

（1）なら、頭が混乱し思考が散漫になりやすいヴァータの乱れを整え、落ち着きを取り戻して。

まずは、いつもより少しだけ早く起きて自分の時間を作ります。基本のモーニングルーティンは、2（59ページ）、4（60ページ）の後、白湯に小さじ1杯のギーを入れて潤いをチャージ。6（64ページ）、7（64ページ）、8（65ページ）の後に熱めのシャワーを浴びたら、気分が上がるようなポジティブな言葉を心で唱えながら5〜10分メディテーション（瞑想）。頭の中に浮かぶ、過去や未来を行き来する思考を客観視して、1つずつ消していき、今ここにいる自分だけにフォーカスします。メディテーションの後に朝食を。落ち着きたいときは、ゴールデンミルク（73ページ）、体が冷えているなら、ジンジャーカルダモンティー（74ページ）で温めて。

(2)なら、働きすぎや神経の使いすぎで怒りっぽいピッタを緩めて、リラックスさせましょう。

歯磨き、洗顔、3(59ページ)、ぬるめの4(60ページ)の後に、5~10分のメディテーション。呼吸に意識を集中させて、左の鼻の穴を閉じて右の鼻の穴から息を吸い、眉間で1~2秒止めるイメージ。次に右の鼻の穴を閉じて左の鼻の穴から吐きます。これを繰り返すと体内に酸素が行きわたり、クーリング効果が。巡りがよくなって体の中を爽やかな風が吹き抜けるようにフレッシュになるのを感じてから、シャワーを浴びます。神経を冷ましてくれるペパーミント、ローズ、ラベンダーの香りのボディウォッシュを使ったり、精油をバスルームの床に垂らしたりして、鎮静シャワータイム。朝食時には、レモングラスグリーンティー(78ページ)や、ハイビスカスミントティー(81ページ)を。

(3)は、体が重い、巡りが悪い、やる気が出ない、鼻が詰まっているのかも。そんなカパの乱れを整えてすっきり軽やかに。

基本のルーティンは2（59ページ）、歯磨き、洗顔、3（59ページ）、4（60ページ）を。カパを整えるポイントは、朝食前の軽い運動。これにより、消化の火が高まり精神的な重さが軽くなるんです。15〜20分のウォーキングでも、軽いストレッチでもかまいません。余裕があるなら30分〜1時間の有酸素運動で汗をかいたり、運動をしてから軽く全身をドライブラシ。ドライブラシで体を刺激すると巡りがよくなって気持ちがすっきりします。重だるさを感じる朝には、ドライブラシの後にシャワーを浴びると、びっくりするくらいリフレッシュできますよ。古い角質を取るので、肌がやわらかくなる美容的メリットも。バスルームの床にペパーミントやレモン、ローズマリーの精油を数滴垂らしてからシャワーを浴びると、爽やかな香りがふわっと広がって心まで浄化されます。

朝食時のハーブティーは、気持ちを上向きにしたいなら、眠気覚ましやリフレッシュ、消化促進効果もあるスパイスコーヒー（77ページ）を。デトックスしたいときはクレンジングティー（79ページ）、むくみが気になるときはシナモンジンジャーティー（75ページ）がおすすめ。

朝のスペシャルドリンクレシピ

朝の体に取り入れるものを、ちょっと変えるだけで、その日の体や心のコンディションが上向きになります。食事よりもハードルが低く手軽に実践できるのが、植物のエネルギーに注目したハーブやスパイスを使ったドリンクです。今日の体質を整えて、なりたい自分に向かって背中を押す、ヘルシーなドリンクレシピを紹介します。

Recipe 01

心身ともに落ち着きたいときの「ゴールデンミルク」

材料（1人分）

牛乳または植物性ミルク……1カップ
ターメリック……小さじ1/4
すりおろし生姜……小さじ1
（生姜パウダーの場合は、小さじ1/8）
シナモンパウダー……小さじ1/8
黒胡椒……少々
水……大さじ2
お好みでメープルシロップ……適量

作り方

1. 小鍋にミルクとメープルシロップ以外の材料を入れ、弱火でスパイスを溶かす。
2. スパイスが完全に溶けたらミルクを加え、沸騰寸前で火を止め、お好みでメープルシロップを加える。

Recipe 02

冷えが強いときの
「ジンジャーカルダモンティー」

材料（1人分）

すりおろし生姜……小さじ1
（生姜パウダーの場合は、小さじ1/4）
シナモンパウダー……小さじ1/4
カルダモンパウダー……小さじ1/8
お好みではちみつ……適量
水……1カップ

作り方

1. 小鍋にはちみつ以外の材料をすべて入れ、中火で沸騰させる。
2. 沸騰したら弱火にして、2分ほど煮る。生姜が気になる場合は、茶こしで漉し、少し冷ましてからお好みではちみつを加える。

Recipe 03

むくみが気になるときの「シナモンジンジャーティー」

材料（1人分）

生姜……2スライス
(生姜パウダーの場合は、小さじ1/4)
シナモンパウダー……小さじ1/4
水……1カップ
お好みではちみつ……適量

作り方

1. 小鍋にはちみつ以外の材料をすべて入れ、中火で沸騰させる。
2. 沸騰したら弱火にして、2分ほど煮る。少し冷ましてからお好みではちみつを加える。

Jones

Recipe 04

シャキッとしたいときの「スパイスコーヒー」

材料（1人分）

コーヒーまたはたんぽぽコーヒーの粉……大さじ1
カルダモンパウダー……小さじ1/4
シナモンパウダー……小さじ1/4
ギーまたはココナッツオイル（MCTオイル）……小さじ1

作り方

1. コーヒーを淹れてカップに注ぐ。
2. 1にほかの材料をすべて入れる。

★たんぽぽコーヒーの場合は、カップにすべての材料を入れて、湯（1カップ、分量外）を注ぐ。

Recipe 05

気分をリフレッシュしたいときの「レモングラスグリーンティー」

材料（１人分）

緑茶（茶葉）……小さじ１
レモングラス（茶葉）……小さじ1/2

作り方

1. ティーポットに材料をすべて入れ、湯（１カップ、分量外）を注ぎ、３～５分蒸らす。

Recipe 06

デトックスしたいときの「クレンジングティー」

材料（１人分）

ネトル（茶葉）……小さじ1/2
ペパーミント（フレッシュ）……5g
（または、茶葉　小さじ1/4）
フェンネルシード……小さじ1/4

作り方

1. ティーポットに材料をすべて入れ、湯（１カップ、分量外）を注ぎ、３～５分蒸らす。

Recipe 07

穏やかに過ごしたいときの「ハイビスカスミントティー」

材料（１人分）

ペパーミント（フレッシュ）……10g
（または、茶葉　小さじ1/2）
ハイビスカス（フレッシュ）……10g
（または、茶葉　小さじ1/2）
はちみつ……適量

作り方

1. ティーポットにハーブを入れて湯（１カップ、分量外）を注ぐ。
2. ３〜５分蒸らしたら、カップに注ぎ、はちみつを加える。

ANNA's

Morning Routine

モーニングルーティン

自然のリズムに寄り添って生きるアーユルヴェーダでは、日が昇る90分前〜日の出の時間に起きることが推奨されています。私は、もともと朝が大の苦手だったので、アーユルヴェーダを学び始めてからも早起きを実践できず、自己嫌悪に陥ることも。ただ、よくも悪くも、毎日同じスケジュールではない仕事なので、いろいろ試して気持ちよく起きられる「自分の起床時間」を探すことにしました。私の体質には7〜8時間の睡眠が最適なことがわかり、逆算して朝7時〜7時半に起きると無理がなく1日を活動的に過ごせる、と実感。

日課である舌磨き・白湯・排便以外にも、自己流のモーニングルーティンがあります。目覚めたらベッドの中でだらだら過ごさず、パッと起きて寝床をすぐに整えて、新しい1日の始まりのサインに。そして好きな精油やお香を焚いてスイッチをオンにし、数分間、頭の中に浮かんだことや感じたこと、考えたことを紙に書くジャーナリングをします。これは頭をクリアにして、意識を今ここに集める作業です。

23：30	就寝
07：00	起床 ⇒ トイレ、舌磨き、歯磨き、洗顔
07：15	白湯作り
07：30	お香を焚きながら、メディテーションやジャーナリング（またはその日の気分でアビヤンガや運動）
08：00	朝食
09：30	仕事開始

基本の体質とは違う、肌のドーシャを知る

次のテーマは肌。肌にもドーシャがある、と考えるアーユルヴェーダ。この肌のドーシャは、基本の体質（ドーシャ）と関係はあるものの、独立しています。体はその日によって体質が変わりますが、肌は比較的一定。一般的なスキンケアで分類する「肌質」のようなものでしょうか。

たとえば私の場合、基本の体質はピッタ・ヴァータ。動くのが好きで思い立ったら即行動するタイプで、不安を感じつつもチャレンジ精神は旺盛。でも多すぎるタスクを自分に課してしまい、自分で自分を疲弊させてしまったり、注意力散漫になりやすいのが悩み。不調に関しては、便秘やお腹の張り、ニキビ肌、イライラ、ドライアイなどの自覚症状があります。

一方で、本来の肌質はピッタ。消化機能が乱れて体のヴァータが強くなると肌に一時的にヴァータの不調が表れると解釈していますが、基本はピッタ肌で変わりません。

アーユルヴェーダの本ではそこまで細かく説明されてはいませんが、ドクターのもとで勉強して、全体的な体質だけでなく、細部にわたってドーシャが分かれていることを知りました。そしてピッタ肌は乱れが表に出やすく、ヴァータ肌やカパ肌よりニキビができやすい、ということも。

自分の肌のドーシャを判断するために、PART1で説明したドーシャのイメージを思い出してください。ヴァータ（風）は乾燥肌。シワや白ニキビに注意。ピッタ（火）は、赤みや発疹が出やすい敏感肌、混合肌。カパ（水）は重たいオイリー肌。ね、わかりやすいでしょう。あなたの肌タイプはどれですか？　肌のドーシャによる特徴を理解すると、何が必要で何が不要か、スキンケアやスクラブ、食事を選ぶ基準がクリアになり、悩みやトラブルもぐっと減るはずです。

食べて、磨いて、整える、ドーシャ別美肌TIPS

ここでは、肌のドーシャに合う食事やスキンケアのポイントをお伝えします。アーユルヴェーダでは、古い角質は毛穴を詰まらせてニキビやシミ、色素沈着、くすみの原因になると考えるので、定期的なフェイススクラブを推奨しています。そこで、肌がなめらかになり、血行のいい毛穴レススキンが手に入る、3つのドーシャ別スクラブレシピを考えました。スクラブで古い角質をオフした後は、肌がドライに傾きやすいので、いつものスキンケアでしっかり保湿するのも忘れずに！

ヴァータ

肌が乾燥しやすいので、体の外側も内側も潤いキープがポイント。ストレスや便秘で消化力が弱ると体の中が乾燥し、肌荒れやシワの原因に。白湯や水をたくさん飲み、朝食後と夜寝る前に、アマニ油を大さじ1杯飲む。味噌汁やドレッシングに混ぜてもOK。食材では、アボカドや良質の油と甘味の強いフルーツ、たとえば熟したフルーツがおすすめ。逆に生野菜のサラダ、おせんべいやポテトチップスなどの乾いたものを食べ過ぎないこと。ナッツやドライフルーツもそのまま食べると乾きが悪化するので、ドライフルーツは水に浸けて戻してから食べて。

スキンケアでは、週に1～2回、スチームで毛穴を広げてからスクラブで古い角質をしっかり除去。白ニキビを防いだり、後から使う化粧品の浸透をスムーズにしたりするなどの効果が。

● スクラブ（なるべく粒の細かい黒砂糖 小さじ2＋はちみつ 小さじ1）

材料を混ぜたら、濡れた肌にのせ、やさしく広げる。黒砂糖が固まる場合は、ぬるま湯を足していく。

ピッタ

混合肌と敏感肌のピッタは、体内にこもった熱を和らげて逃がすことがポイント。仕事の頑張りすぎや家事・育児のストレスで体に熱がこもりやすいので、食事では刺激物を避けて、辛いもの、酸っぱいものは食べ過ぎないように。逆に、夏野菜のような熱を取り除く食材は積極的に摂る。甘味と苦味の野菜、酸味の少ない甘いフルーツもおすすめ。

ドリンクは、ココナッツウォーター、ハイビスカスティー。スキンケアは、殺菌作用とクーリング効果のあるココナッツオイルでクレンジングをしてから、石鹸で洗顔を。洗顔後は、鎮静効果や抗炎症作用を持つローズウォーターやラベンダー、カモミールを含む化粧水で保湿し、肌を落ち着かせて。

● **スクラブ（黒砂糖 大さじ1＋コリアンダーパウダー 小さじ1／4＋ココナッツオイル 小さじ1／2）**

材料を混ぜたら、濡れた肌にのせ、やさしく広げる。

カパ

オイリー肌のカパは、毒素をきちんと排出して体内を適度に乾燥させるのがポイント。油分の多い食事を避け、逆に辛いものは摂ってよし。辛いものと聞くと韓国料理を想像しがちですが、韓国料理は塩分が多いので、黒胡椒や唐辛子などのスパイス系がベター。ドリンクは、白湯のほか、温かいスパイスティー。CCFティー（139ページ）やジンジャーティーにはちみつを入れて。

スキンケアは、お湯にペパーミントの精油を垂らしてフェイススチームをした後に、スクラブで不要な角質をオフ。顎周りから首にニキビや吹き出物ができやすいので、定期的なフェイススチームとスクラブで予防。

● **スクラブ（黒砂糖　大さじ1＋ターメリック　小さじ1／4＋ホホバオイル　小さじ1／2）**

材料を混ぜたら、濡れた肌にのせ、やさしく広げる。

お悩み別DIYフェイスマスクレシピ

次に紹介するのは、肌のドーシャにかかわらず、お悩みに合わせてカスタマイズするフェイスマスクです。アーユルヴェーダでは、マスクも自然由来の成分でDIYします。特にどんな肌にも使え、鎮静効果がある「ベントナイトクレイ」はフェイスマスクに最適で、常備してほしいアイテム。材料を混ぜたら気になる部分や顔全体に厚めに塗り、10〜15分置いてから洗い流して。1回でも変化を感じられるくらい即効性が高いスペシャルケアです。

インスタグラムのアンケートで多かった4つの肌トラブル別レシピを紹介するので、新しい化粧品を探す前に試してみてくださいね。

①毛穴の詰まりと開き

ベントナイトクレイ 大さじ1＋ティーツリー精油 1〜2滴＋水 適量

②ニキビと湿疹

ベントナイトクレイ 小さじ2＋ターメリック 小さじ1／4＋ココナッツオイルまたははちみつ 小さじ2＋水またはローズウォーター 適量

③乾燥

ベントナイトクレイ 大さじ1＋ホホバオイル 小さじ1＋ゼラニウムまたはサンダルウッドの精油 1～2滴＋水またはローズウォーター 適量

④シミ&くすみ、生理前の肌荒れ

カカオパウダー 大さじ1＋コーヒー

(左) シミ＆くすみ、生理前の肌荒れに (右) ニキビと湿疹に

の粉 小さじ1＋ベントナイトクレイ 大さじ1＋水 適量

酷使した目は、温めるより冷やす

現代社会でもっとも酷使されているのが、目。コロナ禍を経験してさらにオンライン化が進み、デジタルデバイスとの距離が近くなった生活で、スクリーンタイムは長くなる一方。スマホやパソコンの画面と何時間も向き合い、まばたきも減り、疲れ目、ドライアイに悩む人が急増しています。もちろん、デジタルデトックスをして、目を閉じて休めるのは理想ですが、仕事もあるし、SNSやYouTubeも楽しみたいし、テクノロジーの便利さは手放せません。デジタルツールと心地よく付き合うためにも、簡単にできるアイケアを提案します。

アーユルヴェーダでは、目は温めるのではなく、冷やす。パソコンと一緒で、使いすぎた目はオーバーヒートして熱が溜まった状態。温めるとさらにヒートアップし、乾燥も進んでしまいます。だから、目を酷使している人の眼精疲労やかすみ目、ドライアイには、冷やすケアが正解。私はジェル状のマスクを冷蔵庫で冷やして使ったりしますが、1日1回、熱を和らげるローズウォーターをコットンに浸して10分間目の上にのせる、ローズウォーターコットンパックもおすすめ。冷やすという意味で、洗顔のときに、冷たい水で目をパシャパシャ洗うだけでもリフレッシュします。目元のむくみやクマ、くすみには、滞った血液やリンパを流すために、小さめのローラーでやさしくコロコロ。目と頭は直結していて、目を酷使していると頭もカチコチになって頭痛の原因にもなるので、ヘッドマッサージで頭から目元の巡りを促し、筋肉をリラックスさせるケアも習慣にして。

そのほか、夜、鎮痛効果や抗炎症効果のあるキャスターオイル（ひまし油）を1滴まぶたに塗って眠ると、目の回復力がアップし、ドライアイやかすみ目の改善もサポートします。目のケアのつもりで塗っていたら、まつげが伸びたという人もいるほど、多面的な効果が。一石三鳥も狙えるので、ぜひトライしてみてください！　アーユルヴェーダでは、クオリティの高いキャスターオイルを目の中に入れるテクニックもあるんです。目の健康のために、疲労回復に役立つフェンネルティーもおすすめ。

パソコン作業をしているときは、30分~1時間に1回、手のひらを両目の上に当てて、光をシャットアウトして30秒ほど休憩を。うっすら光を感じるなら、光が見えなくなるまで目を覆うのがポイント。目の神経がリラックスして、眼精疲労や目の充血に効果があります。

生理は究極のデトックス

女性の場合、妊娠中と授乳期を除き、思春期から更年期まで毎月やってくる生理。生理は、妊娠する準備として厚くなった子宮内膜が剝がれ落ちて排出されるもの。ある意味、究極のデトックスなのです。妊娠・出産するための体の大切な機能ではありますが、生理痛やPMSに悩む人は多く、痛みや不調を軽減するために、子宮に入れる避妊具・IUDや低用量ピルを10代から選択する女性も増えていると聞きました。毎月の苦痛を楽にするために、それらの治療が最善策なのであれば迷わず選択してほしい。でも体が健全な状態であれば、本来痛みはないもの。婦人科を受診しても特に異常が見つからなかったら、痛みや不調の根本原因と向き合うことも必要だと思います。そう、自分の体の声を聞く、です。アーユルヴェーダでは、1ヶ月の精神状態や生活が生理に影響していると考えられています。ハードワークや睡眠不足が続いたり、ストレスが溜まったりしていませんか。生理痛は体からのSOSかもしれません。

　生理痛やPMSを軽減するためのヒントをお伝えします。

●PMS

食生活で、ある程度コントロールが可能です。生理前はヴァータが強くなるタイミングなので、食事は生ものを避けましょう。排卵から生理まで、お酒やコーヒー、辛いものの摂りすぎにも注意。また、発酵食品は体の中で発酵して酸性に傾くので控えめに。

　生理が始まる1週間前からアビヤンガ（全身のオイルマッサージ）で体を温めて血行を促せば、冷えからくる生理痛の緩和に効果的です。

生理が始まったら

3日間は自分を甘やかし、リラックスして静かに過ごしましょう。アビヤンガをすると排出を促しすぎてしまうので、4日目までお休み。家事や仕事をペースダウンし、プライベートの予定も減らす方がベターです。ハードな運動はやめ、ストレッチやハタヨガ程度に。

生理痛がひどいときはお風呂にエプソムソルトとジンジャーのパウダーや精油、ラベンダー精油を入れて入浴してみてください。キャスターオイルを使ったお腹パックも効果的。キャスターオイルをコットンやガーゼに浸して、おへその下に広めにのせて、上からラップでカバーして2～3分横になるだけ。鎮静作用のあるキャスターオイルが吸収されて痛みが和らぎます。小腸の働きがよくなるので、乾燥が原因の便秘で悩んでいる人にもおすすめ。

ドリンクは、ローズ、ラベンダー、カモミールなどお花系のハーブティーやネトルティー、ゴールデンミルクを。

生理中に甘いものを食べたくなるのは、体が鉄分やミネラルを求めているからと言われています。それをヘルシーに叶えるレシピが、スパイス入りのホットチョコレート。これならお菓子より罪悪感なく体の欲求を満たせ、ほどよい甘さと風味豊かな香りで気分も落ち着くはずです。

THE BODY & MIND

Recipe 08

「スパイス入りのホットチョコレート」

材料（1人分）

カカオパウダー	大さじ1
カルダモンパウダー	小さじ1/4
シナモンパウダー	小さじ1/4
ギー	小さじ1/2
水	50cc
牛乳または植物性ミルク	150cc
お好みでメープルシロップ	適量

作り方

1. 小鍋にメープルシロップ以外の材料をすべて入れ、沸騰寸前まで温める。
2. カップに注いで、お好みでメープルシロップを足す。

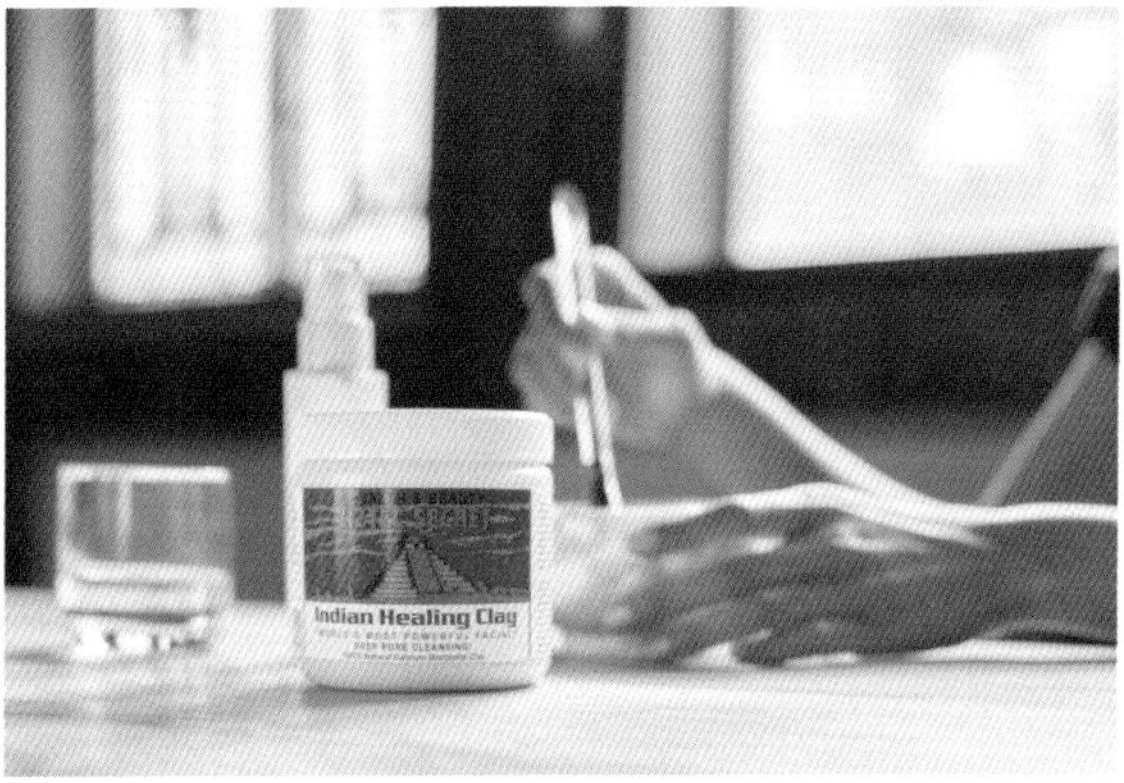

万能アイテムなんです。

　私は普段フェイスマスクを顔に塗って、しばらく置いている間にまずお風呂を溜めています。それから、浴槽の中で顔に塗ったクレイを洗い流して、そのまま入浴する、というのがいつものパターン。肌のケアをしながら心身の疲れも同時に癒せて、一石二鳥！

　ベントナイトクレイで検索してみると、たくさんの製品があります。私が愛用しているものは、iHerbで購入できますよ。

ANNA's

Favorite Item

フェイバリットアイテム

「ベントナイトクレイ」

DIYフェイスマスクに欠かせない、ベントナイトクレイ。火山灰から作られた、粒子がとても細かいパウダーで、吸収力が高く、過剰な皮脂や汚れを取り除いてくれると言われています。

どの肌タイプにも合いますが、特に敏感肌や混合肌の人におすすめです。肌のpHバランスを整え、炎症した皮膚を落ち着かせて、なめらかな肌にしてくれます。

パウダーを水やローズウォーターで溶かしてシンプルに使うのもいいけど、肌状況に合わせてハーブやスパイスを混ぜてオリジナルのマスクを作るのが私は大好きです！　ニキビができたときは部分的に塗ると治りが早いと感じているし、P90〜92で紹介したそのほかのマスクも即効性が高いので、週１くらいのペースで行っています。

さらに、このままパウダーをお湯に入れて、入浴剤としても使うことができます。美容にも、健康にも役立つ

食事はWhen・What・Howがすべて

PART 3

食べたいものを食べていい

ナチュラルな食生活を提唱するさまざまな流儀の食事法と、アーユルヴェーダの食事法との大きな違いは、「食べてはいけないものはない」ということ。基本は、自分の体の求めるものを食べなさいというスタンスで、食材にしても、量にしても、それが何であれ、直感に従って体の求めるものを選んで食べたと思うことが大切なんです。なぜなら、体の欲求には何かしら意味があるから。極端に言えば、この緊張を緩めるためにはコンビニの食べ物が必要、みたいなことも。もちろん、アーユルヴェーダにも食事の知恵がいろいろあって、ストイックな食事法もありますが、それは体調が悪いときや自分のドーシャのバランスを整えたいときに使えばいい。

私が大事にしていて、最高だと思う食べ方は、自分がおいしいと感じて、心と体が満足して、心地いいって感じること。これを食べなきゃいけない、これを食べてはダメ、ではなくて、幸せを感じることがなにより重要だと思うんです。今は選択肢も多い時代なので、その特権に感謝しながら楽しんだ方がいい。

面白いのが、私たち日本人が外国に行くと、醤油や味噌が恋しくなるように、イタリア人の友人はパスタを食べたくなるそうです。それぞれの国のソウルフードを体が欲しているんですね。体質にかかわらず、自分が安心する食べ物はあり、それは育ってきた環境とも大きく関わっているんです。食べることで気分がよくなったり満足したりするのであれば、それもきっと正解。だからアーユルヴェーダの食事の知恵は、あくまでおすすめ程度に捉えてほしい。自分で決めた食事ルールをストイックに守ろうとすると、誰かの家でディナーを振る舞ってもらったり、外食をしたりしたときに、この料理は食べられない、ということが増えてしまいます。でも、食事を作ってくれた人に感謝をして楽しむことは、絶対に忘れちゃいけない。その日だけはOKにして、気持ちよくいただき、次の日に調整してリセットすればいいんです。食生活も自然と調和するスタイルが理想ですが、難しく考えないで、ストレスを感じない程度に取り入れてほしいと思います。

アーユルヴェーダには「食事が正しくなければ、薬は効果がない。食事が正しければ、薬は必要ない」という格言があります。これは、薬を飲んで治そうとしても、根本の食事が悪かったり、ストレスを感じながら食べていたりしたら薬の効果も得られない。逆に食事を整え、感謝して食べて幸せを感じていれば、健康になり、薬は必要なくなる、ということ。健康の中心に食事があることを肝に銘じながら、上手にコントロールしてみてください。

ヘルシー80：ジャンク20

化学的な添加物を使わず、オーガニック素材を中心としたバランスのいい食事が素晴らしいのは誰もが認めるところ。でも忙しい毎日に、三食すべてを清く正しく、というのは現実的には難しいですよね。これを徹底しなくちゃ、と思うといろいろな我慢やストレスがセットになってしまいます。だから、１００％正しくなくちゃ！という考えは捨てましょう。食事もオン・オフがあっていい。ヘルシーもジャンクも楽しんでいいんです。

「80%：20%」って聞いたことありますか？　80%はヘルシーな食事をして、20%は好きなように食べようという、ゆるっとした黄金比率です。これ、すごく素敵じゃないですか？　実は、ヘルシーなものしか食べないように思われている私自身が、もともとかなりのジャンクフード好き。でもジャンクがあるからヘルシーがホッとするし、体も楽になってキラキラ輝くし、ヘルシーがあるから息抜きとしてのジャンクも楽しいと思えるんです。ジャンクを食べるときは、罪悪感を持たずに、今日の私にはこれがいい！　と自信を持って楽しみます。これもある意味、心地よく無理なくアーユルヴェーダを続ける知恵かなって。

食材の選び方だけではなく、手作りと手抜きのオン・オフもあります。食卓にお惣菜やインスタントをちょい足しするときは、手間が一つ減って自由な時間が増えたことを喜びましょう。いつもインスタ映えするような食事じゃなくていい。茶色くておいしいゴハン、上等です！

気をつけるのは、いつ、何を、どのように食べるか

1　消化しにくいものは、ランチに

食事に関して、なにより消化を重視するアーユルヴェーダでは、「胃の部分に消化の火がある」と考えています。たき火の火を想像するとわかりやすいのですが、消化の火がちゃんと燃えていると消化力が高まり、風が強かったりして火が弱まると消化力が下がる。逆に油を注いだり火力をアップしたりすると、火が大きくなりますよね。燃えすぎも、それはそれで乱れになり、吸収が悪くなるんです。その消化の火が一番強くなるのがお昼の時間帯と考えられているので、アーユルヴェーダではランチを1日のメインにしようと説いています。たとえば揚げ物が食べたいと思ったら、夜よりお昼に食べた方がいい。ほかにも消化に負担がかかる、生野菜や生もの、ケーキなど甘くて重たいものは、お昼に食べることをおすすめします。

とはいえ、消化しにくい生の食事はあまりおすすめしていません。消化力が繊細な

ヴァータ体質の人は特に注意。ヴァータが乱れている人は、できるだけ、消化しやすい、しっかり調理されたもの、火を通したものを選ぶといいですね。

2 よく噛んで食べる

アーユルヴェーダも西洋医学も共通で、消化は口から始まると考えます。消化のファーストステップは、よく噛むこと。咀嚼で食べ物を細かくしてから胃に入れると、胃が必要以上に働かなくて済むわけです。早食いなどで流し込むように飲み込んだ食べ物は、消化するために胃で砕かないといけないので、消化も悪くなり、胃腸の負担が大きく疲れてしまうことに。

3 食事中は飲み物を控えめに

胃に灯る消化の火を弱めないために、食事中には水などの飲み物を控えめにした方がいいでしょう。日本食には味噌汁があるし、欧米のコースメニューにもスープがあり、料理の中で水分はたっぷり摂れているはずなので、飲み物はなくてもいいんです。食事中に喉が渇くのは、体が脱水症状になっているか、食事が辛かったりしょっぱかったりするとき。何かを飲むなら、白湯や、胃の中で消化液を出し消化を助ける温かいお茶を。氷入りのキンキンに冷えた飲み物では、消化の火が消えてしまいますよ。

4 相性の悪い組み合わせを避ける

ビタミンが豊富でヘルシーな食材の代表・フルーツ。でもフルーツは、ほかの食品よりも消化が速いので、食べ合わせには注意が必要です。日本では食後のデザートにフルーツを食べることが多いですよね。しかし、それでは胃が前の食事を消化している途中にフルーツが胃の中に入ってきて、食事の上にフルーツがくることになります。その結果、どうなるかというと、食事より先にフルーツの消化が終わっているのに、食事が詰まっているせいでフルーツが胃から先に送られなくなります。そのまま時間が経つと、胃の中で消化されないまま腐ってしまうと考えられています。

食後にフルーツを食べたことで起こりうる症状として、胃の中で食事が発酵してお腹にガスが発生したり膨張感を覚えたりということがあります。なので未消化物を作らないために、フルーツは食後ではなく、おやつとして単体で食べるか、食事と一緒なら最初に食べましょう。それを知ると、食後のデザートの選び方も変わってきますよね。ケーキよりフルーツの方が健康的だと思うかもしれませんが、消化のスピードで考えるとケーキに軍配。消化を促すスパイスが使われているケーキならエクセレント！　順番をつけるとしたら、ガトーショコラ＞ショートケーキ＞フルーツタルトです。

実は、ベストフレンドに見える、ヨーグルト×フルーツも、おすすめできません。フルーツは消化が速く、ヨーグルトは消化に時間がかかるからです。フルーツ×ナッツも同じ。とにかくフルーツは消化が速いから単体で摂るのがベスト。

それから、オレンジジュースとコーヒーを同時に飲むのもちょっと待って！　どちらも酸が強く、胃の中で混ざると悪いバクテリアが発生しやすくなります。同じ理由でグレープフルーツも注意が必要。ホテルの朝食ではよくあるパターンだし、最初に知ったときは私もショックでした。毎日じゃなければ大きなトラブルにはならないと思うけれど、できるだけ避けたいコンビネーションです。

牛乳と魚や肉を一緒に調理するのも、おすすめしていません。牛乳を何かと一緒に火にかけてしまうと、消化しづらくなると言われています。豆乳や植物性ミルクは大丈夫なので、シチューを作るときも豆乳がおすすめ。牛乳は滋養があり、重さを与えてくれるから、単体で摂るならヴァータの人には向いています。でもアメリカの牛乳はホルモン剤が投入されているものが多いので、私はアメリカに来てからずっと植物性のミルクを選んでいます。女性の場合は生理に影響が出ることもあるし、牛乳を飲むなら品質を吟味したいものです。

加熱の際に注意が必要なもので言うと、はちみつもそう。加熱したはちみつを蜂に食べさせたら死んでしまったという研究もあり、加熱で毒素が増えると言われています。買うなら生のはちみつを選び、加熱調理には使わないこと。温かいドリンクに混ぜるなら、熱々の状態ではなくちょっと冷めてからがいいでしょう。

5　できるだけフレッシュなものを

理想は、できるだけ鮮度の高いものをいただくということ。アーユルヴェーダでは、作ってから時間が経ったものや残り物はエネルギーが下がってしまうので、できたてを食べた方がいい、と教えています。とはいえ、毎回できたてを食べるのは簡単ではないから、せめて作ってから24時間以内に食べることを心がけてほしい。

仕事が忙しくても健康的な食事がしたい、と、週末に1週間分作り置きして冷凍している人も多いはずです。外食や出来合いのものよりも、自分でこだわって作ったものの方がはるかにヘルシー。作り置き、大賛成です！ それなら食べるときに鍋で温め直すとか、100％完成形の状態で作り置きしないで、食べる直前に味付けをするとか、ひと手間加えるだけでできたてに近い状態になり、エネルギーがアップしますよ。

満腹感と満足感で、食べ過ぎにブレーキを

健康な体をキープするなら、やっぱり腹八分目のバランスがいいんです。つい苦しくなるまで食べてしまう人は、食べ過ぎを防ぐ方法をマスターして。まず脳が満腹感を認識するまでには時間がかかるので、よく噛んでゆっくり食べること。食事の前にコップ1杯の白湯を飲むと胃と脳が落ち着いて、正常な判断ができます。あと、日本

の伝統的習慣でもありますが、食後の緑茶。苦味で食事を終わらせると満足感が高まると言われていて、緑茶を最後に飲むことで、それ以上食べたくなくなるという食欲抑制効果が生まれるようです。

逆に、食後1~2時間でお腹が空く場合は、量が足りていないというサイン。食べてから3~4時間後にお腹が空くのが、健康的なサイクルなので、それより前にお腹が空くなら、もう少し食べる量を増やしてみましょう。

実は、食べ過ぎてしまうときは、体が酸性になっていることが多く、それはピッタが暴れて熱を持っている状態。食べ過ぎにはストレスも関係していて、ストレスがピッタを暴れさせるのです。そんなときは、夏野菜など色の濃い野菜を多めに摂ってみてください。

ちなみに、赤ちゃんは母乳やミルクを飲んだ後に吐き戻しを防ぐためにゲップをさせますが、大人の場合、ゲップは満腹のサインです。ゲップが出そうになったら、食事ストップのタイミングと判断して。

お皿の上には何色ある？

季節や体調に合わせて、アーユルヴェーダではいろいろな食材を摂ることを大切にしています。そのために意識したいのが、お皿の上がカラフルであること。栄養バランスで考えると難しくなるから、私はいつも色で見るんです。どんな野菜でも栄養はあるけれど、同じ色のものは栄養素も似ているもの。なので、たとえば、緑はあるから赤を足そう、とトマトやにんじんを選ぶ感じ。

食べたいものを食べることが基本ですが、どうせ食べるなら、ちょっとでもヘルシーに。体が茶色いものを求めているなら、緑と赤の食材を1つずつ足してみる。それだけでバランスがよくなるんだから、とても簡単ですよね。毎食じゃなくていいので、1日のうちの二食は、せめて3色揃えて、目と、舌と、お腹を喜ばせましょう。

6つの味がお腹も心も満たしてくれる

アーユルヴェーダでは、体にいい・悪いにかかわらず、同じものをずっと摂り続けることはおすすめしていません。体が慣れてしまうと効果が下がる、と考えるんです。

そういう意味でも、食事に6つの味を取り入れることは意識してほしいポイント。6つの味とは、甘味・辛味・塩味・苦味・酸味・渋味。

まずは甘味。砂糖のように加工されていない、甘い食べ物です。ナッツ類、フルーツ、根菜類のほか、全粒穀物と乳製品も甘味に入りますが、カッテージチーズとかリコッタチーズなどやわらかいチーズは甘味、刺激の強いブルーチーズや酸っぱいヨーグルトは酸味にカテゴライズ。体に重さを与える甘味は、ヴァータとピッタには◎。逆に、すでに重いカパの体質は食べ過ぎると不調を招きやすいので△。

次に、塩味。これはシンプルに塩です。海塩や岩塩、あとセロリや海藻、いくつかの野菜にはすでに自然由来の塩分が含まれているものも。これも体を温めて潤す効果があるので、ヴァータには◎、ピッタとカパには△。

3つ目が酸味。柑橘類、酢、ヨーグルト、キムチ、漬物、コンブチャ、テンペなどはすべて酸味です。体を温めて潤いを与えて、巡りをよくする酸味は、ヴァータには◎、ピッタとカパには△。

4つ目の辛味は、ニンニク、生姜、唐辛子、大根など。辛味は体内に熱を作り出して乾かす作用があるので、カパには◎、ピッタとヴァータには△。生姜は生だと甘味ですが、すりおろすと辛味が増します。だから体を温めたいときはすりおろし、甘味が欲しいときは千切りやスライスがベター。余談ですが、ピッタの人は辛いものを食べ過ぎると熱が増えちゃうので、体質的にはあまり向いていないのに、辛いもの好きが多いんです。自分の体質のバランスを崩すものをなぜ欲しくなるのか。ストレスもありますが、毒素である未消化物が体内にいっぱいのときは、正しい判断ができなくなってしまうからだと考えています。

そして苦味。葉野菜、ごぼう、アロエベラ、緑茶や抹茶は苦味のカテゴリーです。ピッタとカパには◎、乾かす作用が強いのでヴァータは△。

最後が渋味。渋味に分類されるのは、乾燥した豆類やレンズ豆、キヌアなど。これは体を冷まし、乾燥させて重さを与えるので、ピッタとカパの人には◎、ヴァータには△。

たとえば、食事が3つの味だけだと、残りの3つの味を補うために お腹は空いていないのに間食したくなる、ということも。甘いものを食べた後に、しょっぱいものも食べたくなっちゃう、あの現象です。体質ごとに量の調整が必要ですが、基本的にはどの体質の人も1回の食事でこの6つの味があると満足度が高まります。△は食べちゃいけない、ではなく、食べ過ぎないことがポイントと覚えてください。

甘味

ヴァータ	ピッタ	カパ
◎	◎	△

フルーツ、ナッツ類、全粒穀物、乳製品（ただし、刺激の強いブルーチーズや酸っぱいヨーグルトは除く）　ほか

塩味

ヴァータ	ピッタ	カパ
◎	△	△

塩、醤油、味噌、セロリ、海藻　ほか

酸味

ヴァータ	ピッタ	カパ
◎	△	△

柑橘類、酢、ヨーグルト、キムチ、漬物、コンブチャ、テンペ　ほか

辛味

ヴァータ	ピッタ	カパ
△	△	◎

ニンニク、生姜、唐辛子、胡椒、大根、生のタマネギ　ほか

苦味

ヴァータ	ピッタ	カパ
△	◎	◎

葉野菜、ごぼう、ゴーヤ、アロエベラ、緑茶、抹茶、コーヒー、紅茶　ほか

渋味

ヴァータ	ピッタ	カパ
△	◎	◎

乾燥した豆類、レンズ豆、キヌア、じゃがいも、熟していない果物、赤ワイン　ほか

ドーシャ別
おすすめメニュー／控えた方がいいメニュー

体質によって、ウィークポイントを補うために積極的に食べたいメニューと、ウィークポイントがさらに強調される食べ過ぎ注意のメニューがあります。とはいえ、控えたい△メニューは絶対NGではなく、食べるならちょっと工夫してバランスを整えればマイナス面を調整できるよ、という救済法があるのがアーユルヴェーダの魅力。これを覚えておくと、自分で調理するときも、外食するときも、調理法やメニューを選びやすくなるはずです。

ヴァータ

◎スパイスを使った料理。重みがあり、調理された温かく油分を含んだ食事。
△生もの、生野菜、乾燥したもの、冷たい食品、辛味・苦味・渋味のもの。

ピッタ

◎熱を取るためのサラダ。クーリングするハーブ。
△酸っぱいもの、しょっぱいもの、辛いもの、アルコール、肉や揚げ物。

カパ

◎温野菜。サラダを食べるときにはスパイスを加えて。乾燥したもの。
△甘いもの、油分の多いもの、乳製品、揚げ物。

ドーシャ別
おすすめの朝ごはんメニュー

1日の始まりの朝ごはん。体内時計を整えるためにも、エネルギーをチャージするためにも、しっかり食べた方がいい、というのが一般的な健康法ですよね。でも、アーユルヴェーダでは毎日同じではなく、お腹の具合に合わせて朝ごはんを食べるかどうかを判断しよう、と考えます。もし朝起きてお腹が空いていないなら、前日に食べたものの未消化物がまだお腹の中に残っているということだから、無理に新しく食べ物を入れる必要はない。食べなくていいんです。朝ごはんを食べる・食べない理論ではなく、お腹が空いているか・空いていないかがベース。何度も繰り返しますが、ここでも、「体の声を聞く」が優先なんです。

ただし、ちょっと気をつけたいのが、ピッタとヴァータの人は、お腹が空いている状態が続くとマイナスに働く部分も。ピッタの場合はお腹が空くとイライラする。ヴァータの場合はソワソワ落ち着かなくて、集中力が下がってしまう。仕事が忙しいと、ランチをスキップしちゃうこともあると思いますが、ピッタとヴァータの人は空腹の時間を長く作らないように意識した方がいいですね。

さて、朝のお腹の具合で、今は空いていないけれど仕事前に軽く何かをお腹に入れておきたい、という場合は、71ページで説明した朝のスペシャルドリンクや味噌汁、スープのほかに、ドーシャ別におすすめの朝食メニューがあります。材料もシンプルで、簡単なものなら5～10分でパッと作れるレシピです。

明日の朝から、早速始めてみてください。

ヴァータ

Recipe 09

しっとり温かく重さを与えるような朝食
「アボカドトースト」

材料（1人分）

アボカド	1/2個
トースト	1枚
EVオリーブオイル	小さじ1/2
塩・胡椒	各少々
チリペッパー	少々
レモン汁	少々

作り方

1. アボカドをスライスする。
2. 1をトーストにのせて、オリーブオイル、塩・胡椒をかける。お好みで食べる直前にチリペッパーや、レモンをかける。

ヴァータ

Recipe 10

しっとり温かく重さを与えるような朝食
「ゴールデンミルクオートミール」

材料（1人分）

オートミール	1/4カップ
水	1/2カップ
すりおろし生姜	小さじ1/4
ターメリック	小さじ1/4
カルダモンパウダー	小さじ1/4
シナモンパウダー	小さじ1/8
黒胡椒	少々
ギー	小さじ1/2
トッピング	
牛乳または植物性ミルク	適量
刻んだナッツやデーツ、ブルーベリーなど	適量

作り方

1. 小鍋にギーとトッピング以外の材料をすべて入れ、煮立たせる。
2. 弱火で煮詰めて、オートミールがやわらかくなったら、火を止める(やわらかめが好きな人は、煮詰める前に水を適量加える)。ギーを入れて混ぜる。
3. 器に盛って、ミルクやナッツなどをかける。

ピッタ

Recipe 11

自然な甘味とクーリングするスパイスを使った朝食「デーツチアプディング」

材料（1人分）

デーツ……適量
チアシード……大さじ2
オートミール……大さじ2
カルダモンパウダー……小さじ1/4
牛乳または植物性ミルク……1カップ
メープルシロップ……小さじ1
トッピング
バナナ、ベリー類、カカオニブ、ココナッツフレークなど……適量

作り方

1. デーツを細かく切る。
2. ボウルまたは空瓶に1とトッピング以外の材料をすべて入れ、よく混ぜ合わせたら15〜20分置く。時間があれば、冷蔵庫で一晩置く。
3. 器に盛って、お好みのトッピングをのせる。

ピッタ

Recipe 12

自然な甘味とクーリングするスパイスを使った朝食「スパイス入りスクランブルエッグ」

材料（1人分）

卵……2個
コリアンダーパウダー……小さじ1/2
醤油……小さじ1/2
ギーまたはオリーブオイル……小さじ2

作り方

1. ボウルに卵を割り、コリアンダーパウダー、醤油を入れて混ぜる。
2. フライパンにギーまたはオリーブオイルを温めて1を入れ、ごく弱火でじっくり混ぜ、好みの硬さになったら火を止める。

カパ

Recipe 13

温かさと軽さを与える朝食
「ホームメイドコーヒーグラノーラ」

材料(作りやすい量)

オートミール	150g
スライスアーモンド	35g
くるみ	35g
★生姜パウダー	小さじ1
★シナモンパウダー	小さじ1/4
★カルダモンパウダー	小さじ1/4
塩	小さじ1/4
たんぽぽコーヒーの粉	大さじ1
ココナッツオイル	大さじ2
メープルシロップ	大さじ4

作り方

1. オーブンを180℃で予熱しておく。くるみは適当な大きさに砕く。
2. オートミール、ナッツ類、★のスパイス類、塩、たんぽぽコーヒーをボウルに入れて軽く混ぜる。
3. ココナッツオイル、メープルシロップを2に入れて、全体を混ぜ合わせる。
4. クッキングシートを敷いた天板の上に、3を広げてオーブンで20分焼く。
5. 焼き上がったらしっかり冷ます。密封容器に入れて、常温で1ヶ月保存可能。

カパ

Recipe 14

すっきり軽く、代謝を上げる朝食「レモンジンジャースープ」

材料（１人分）

レモン	適量
生姜	１かけ
パクチー	1/4カップ
皮なし緑豆	1/4カップ
ギーまたは太白ごま油	大さじ1/2
★マスタードシード	小さじ1/4
★クミンシード	小さじ1/4
☆ターメリック	小さじ1/4
☆コリアンダーパウダー	小さじ1/4
水	２～３カップ
野菜出汁パック	１包

作り方

1. 緑豆は30分～一晩水に浸けて水気を切っておく。生姜、パクチーを粗みじん切りにする。
2. 鍋にギーまたは太白ごま油と★を入れ、弱火でパチパチ音がするまで１分ほど温める。
3. 1の生姜を加えて、１～２分炒める。☆と1の緑豆を加え、全体的に混ぜ合わせる。
4. 水、1のパクチー、野菜出汁パックを加えて、中火で煮立たせる。煮立ったら弱火にして、時々かき混ぜ20分ほど煮込む。途中、水分が足りない場合は少しずつ水を足す。
5. 緑豆がやわらかくなったら、野菜出汁パックを取り除き、ミキサーに入れ攪拌する。
6. 5を鍋に戻して、再度温めたら皿に盛り、レモンを絞る。

お酒やコーヒーも、飲み方次第

みなさんには、好きな飲み物がありますよね。それぞれのドリンクには、体質別におすすめの飲み方があるので、ぜひ覚えておいてください。

まずは水。水はどのドーシャにとっても大切。実は、水分を十分に摂れていなくて、知らない間に脱水症状になっている人が意外にいます。その結果、頭がぼーっとしたり、疲労や倦怠感を覚えたり、肌が乾燥したり。さまざまな不調の原因になるので、水は意識して飲みましょう。どのドーシャにも冷たすぎるものはおすすめできないので、氷を入れず、常温か温かいものを。

そしてコーヒー。カフェインが強いコーヒーはNGと思われそうですが、好きなら飲んでいいんです。ただ飲んだ後に便が緩んだり、胃酸が出たり、手先が震えたりするなら、体質に合っていないか、今の体がコーヒーに耐えられない、というサイン。

飲んだ後に違和感があるときは、ちょっとお休みしましょう。コーヒーを飲む場合は、午前中がおすすめで、空腹時は避ける。食べ物と一緒に、が大切です。

実はコーヒーには体内を乾かす作用があって、1杯飲むごとに、1杯分の水分を失うと言われています。体の中で熱を作り出すコーヒーは、同時に酸性でもあるから、燃えすぎて体内を乾燥させてしまうので、一緒に水分補給することも忘れずに。ピッタとヴァータの人は、重さを与えるミルクをたっぷり入れてラテにするとバランスが取れて胃の不快感も防げます。同じ理由でチャイも◎。逆に、重い体質のカパには、コーヒーの軽さが合っているので、ミルクを入れずブラックで飲むのがおすすめ。カパ体質じゃなくても、朝起きて「だるい」「体が重い」と思ったときはブラックで飲みましょう。甘くしたいなら、ピッタとヴァータはメープルシロップ、はちみつ、きび砂糖をプラス。砂糖をちょっと入れるだけでも酸が落ち着きます。カルダモンパウダーやギー、ココナッツオイル、ミルクを入れて飲むとさらにベター。

アルコールも気になりますよね。カパの人はアルコールに対して比較的強い体質ですが、度数の高いお酒やブランデー、蒸留酒など砂糖が入っているかのように甘いお酒は、飲んだ後に何日も不調を引きずる可能性が高いです。なので、透明なお酒（焼酎やジン、ウォッカなど）のソーダ割りにレモンを添えて。

ピッタの人は、赤ワインやラムなど色の濃いお酒は酸を増やすので、胸やけや炎症のリスクが高くなります。ワインなら白、ロゼ、オレンジ。透明なお酒の方が体質に合いそう。カクテルが好きなら、冷やしてくれるココナッツリキュールやフルーツが入っているものもいいです。ピッタの人は酔っ払うと大声になったり、傲慢になったり、強気になったりする人が多いので、飲み過ぎには気をつけて。飲んでいる仲間にそういう人がいたら、「この人ピッタなんだな」と観察してみてください（笑）。

ヴァータの人は、胃がすごくデリケートだから、控えめに。夕飯のときにグラス１杯の赤ワインを飲む程度なら、消化を促したり、気持ちを落ち着かせてくれたりする効果がありますが、それ以上飲むと、体にも負担が大きそうです。

お酒はやっぱり肉体的にも精神的にも結構なダメージを与えるのでほどほどに、という大前提をお忘れなきように！

最後にプロテインドリンク。健康意識の高まりで、アメリカではポピュラーだし日本でも飲んでいる人は多いですよね。でもプロテインは重いので、カパの人にはあまりおすすめできません。ピッタには消化力の高いお昼の時間帯で、夕飯まで数時間空いている場合には◎。ヴァータでビーガンやベジタリアンの人は、タンパク質不足を補うサプリメントとしても積極的に摂りたいドリンクです。3つのドーシャの中ではヴァータが一番合っていると思います。

食べ過ぎちゃった日のリセットドリンク

会食や外食で食べ過ぎたり、ジャンクな食事を繰り返して、後悔や反省すること、ありますよね。いやいや、自分を責めなくていいんです。やっちゃった！　と思った後にリカバリーしてプラマイ0にする簡単なリセットドリンクを紹介しますね。

まずは、アーユルヴェーダではポピュラーな、CCFティー（139ページ）。クミンシードとコリアンダーシードとフェンネルシードで作るスパイスティーで、3種のスパイスの頭文字が名前の由来。クミンは消化力を高めて吸収を促し、コリアンダーは食べ過ぎたときの胃のムカムカを抑え、フェンネルは消化促進、お腹のガス抜き、お腹の張りを緩和してくれる効果が。ヘビーな食事でも未消化物を残しにくくなり、腸内が整うことでホルモンバランスも整い、生理痛を和らげてくれるなど、女性の体にフレンドリーなお守り的ドリンクです。

スパイスが苦手な人には、もうちょっと味がマイルドな、ジンジャーミントティー（140ページ）とジンジャーフェンネルティー（141ページ）を。ジンジャーミントティーは食べ過ぎた後や消化不良を感じるときにおすすめ。ジンジャーフェンネルティーは、たとえば秋冬の寒い朝など消化力が低下しやすいとき、お腹の膨張感や張りが気になるときに。

体が重く感じたら、朝からこれらのリセットドリンクを飲んで、お昼までプチ断食するのもおすすめです。

体が求めるなら、食べたいものを食べていいアーユルヴェーダですが、それが何日も続けば、胃腸が疲れたり、体が重くなったり、体重や体脂肪だって増えてしまう。だからアフターケアでバランスを取って、体の負担も罪悪感もリセットしましょう！

Recipe 15

消化力を高めて疲れた胃腸をリカバリー「CCFティー」

材料（1人分）

クミンシード……小さじ1/3
コリアンダーシード……小さじ1/3
フェンネルシード……小さじ1/3

作り方

1. ティーポットに材料をすべて入れ、湯（1カップ、分量外）を注ぎ、3～5分蒸らす。

Recipe 16

食べ過ぎた胃のムカムカをリセットする「ジンジャーミントティー」

材料（1人分）

すりおろし生姜……小さじ1
ペパーミント(茶葉)
……小さじ1/2(フレッシュの場合は大さじ1)

作り方

1. ティーポットに材料を入れ、湯（1カップ、分量外)を注ぎ、3～5分蒸らす。

Recipe 17

お腹の張りが気になるときの「ジンジャーフェンネルティー」

材料（1人分）

すりおろし生姜……小さじ1
フェンネルシード……小さじ1/2

作り方

1. ティーポットに材料を入れ、湯（1カップ、分量外）を注ぎ、3〜5分蒸らす。

内側からリセットするキチャリクレンズ

疲れた胃腸をリセットするために私がよくやっているのはキチャリクレンズ。キチャリというのは、緑豆かレンズ豆に米とスパイスを入れて一緒に煮込むアーユルヴェーダのお粥のようなもの。滋養たっぷり、栄養満点のお粥で、一番の効果は、消化器官の浄化です。だから、キチャリクレンズをするタイミングは、食べ過ぎが続いたときや胃腸の詰まりを感じたとき、単純に内臓を休めたいとき。プチ断食にもいいし、夕飯など普段の食事の置き換えにもおすすめ。クレンジングとしてはもちろん、体のいろいろなシステムをリセットできるので、体調を崩しやすい季節の変わり目に免疫力を上げるためにも役立ちます。クレンジングが目的なら、1日キチャリだけを食べるのもいいし、頑張って3日間集中して続けても。胃腸だけじゃなく、頭も心もすっきりするヘルシーなダイエットです。

ここ数年、ジュースクレンズやファスティングでデトックスする健康法が流行っていますが、ヴァータとピッタの人にはこれらは不向きで、逆に体調を悪くする可能性も。この2つの体質の人がクレンジングやデトックスをしたいときには、キチャリクレンズが最適。0か100かではなく、体に負担をかけずにできるから。逆にカパの人や、不摂生や食べ過ぎで体が重くなっている人には、キチャリもジュースクレンズもファスティングも向いています。

キチャリは、緑豆かレンズ豆、季節の野菜に、スパイス、塩を入れて味付け。スパイスもCCFティーと一緒で、クミン・コリアンダー・フェンネルにターメリックをプラスしたり。スパイスの味はしますがクセはなく、シンプルな味付けだからこそ、野菜の甘味や苦味を感じられておいしいんです。私はキチャリに韓国海苔のフレークをかけたり、体は元気だけどクレンジングしたいときは、食感で満足感を上げたいので、乾燥キクラゲを水で戻して入れたり、その日の気分でアレンジを楽しんでいます。

Recipe 18

内側からリセットする「キチャリ」

材料（2人分）

- 皮なし緑豆……1/4カップ
- バスマティライス（または普通の米）……1/2カップ
- ギーまたはオリーブオイル……大さじ1
- ブラックマスタードシード……小さじ1/8
- クミンシード……小さじ1/4
- ターメリック……小さじ1/4
- コリアンダーパウダー……大さじ1
- フェンネルパウダー……小さじ1/4
- すりおろし生姜……小さじ1
- 塩……小さじ1/2〜
- 水……3カップ
- お好みの野菜（アスパラガス、にんじん、セロリ、さつまいも、ズッキーニなど）……2カップ
- トッピング野菜（パクチー、三つ葉、ライムなど）……適量

作り方

1. 緑豆は30分〜一晩、水に浸す。
2. 1と米を合わせたら水で洗い、水気を切って置いておく。
3. 鍋にギーまたはオリーブオイルを入れ中火で温めたら、ブラックマスタードシードとクミンシードを加える。マスタードシードが弾けるまで1〜2分炒める。
4. 弱火にして、ターメリック、コリアンダーパウダー、フェンネルパウダー、生姜を加え、香りが立つまでさっと炒める。スパイスは焦げやすいので注意する。
5. 2を4に加えて、よく混ぜ合わせたら、塩を入れる。しばらくかき混ぜたら水を加え、強火にして煮立たせる。
6. 煮立ったら弱火にし、蓋をして20分間煮込む。途中、水分が足りないようなら、水を少しずつ足す。
7. その間に、野菜を一口大に切っておく。6の水分が少し減ってきたら、野菜を加えて、野菜に完全に火が通るまで再び煮込む。さつまいもやカボチャなど、火が通るのに時間がかかる野菜を入れる場合は、ほかの野菜より少し早めに入れる。
8. 器に盛り、お好みでパクチーや三つ葉をのせ、ライムをしぼる。

1000の効能を持つ「ギー」

アーユルヴェーダの定番アイテムで、〝1000の効能を持つ〟と言われるのが「ギー」。食塩不使用バターを煮詰めて、バターに含まれる乳成分やタンパク質、水分などをすべて取り除いた純度の高いオイルです。ほかの油より吸収しやすく、もっとも浄化された油と考えられています。食用を始め、マッサージやスキンケアのときに肌に直接塗ったり、眼球に浸透させたりすることも。体を温める、内臓を浄化する、免疫力アップ、脳を活性化、便秘改善、腸内環境を整えるなど、その効果は数えきれません。体内の炎症も和らげ、アンチエイジングにも有効。不純物を全部取り除いているので、乳製品アレルギーや乳糖不耐症の人にもフレンドリー。数年前にダイエット効果があるとアメリカで流行ったバターコーヒーは、コーヒーにギーを入れたもので、このピュアなオイルが全身の細胞を潤して活性化する、とされています。

体調管理のために、毎日の料理に手軽に取り入れられるのも魅力です。食欲不振のときはコップ1杯の白湯に小さじ1杯のギーを入れて飲むと消化力がアップ。便秘や不眠にはコップ1杯のホットミルクに小さじ1杯。熱にも強く500℃まで耐えられるので、スープやシチュー、卵料理に混ぜたり、炒め物や味噌汁にちょっと入れたりすると、コクが出ておいしくなります。

市販のギーもありますが、手作りの方が格段においしいので、ぜひ作ってみてください。一度作ったら、冷蔵庫に入れずに常温のまま1年間保存可能。冷蔵庫に入れると出し入れしたときの温度差で蓋に水滴がついて水分が入ってしまうので、常温キープが鉄則です。

どんなに多くても1日に大さじ1〜2杯しか使わないので、一度多めに作れば余裕で1年は持ちますよ。

metric

Recipe 19

料理にもスキンケアにも使える「ギー」

材料(作りやすい量)

食塩不使用バター……400g

そのほかに必要なもの
熱湯消毒済みのガラス製の保存容器
ザル
チーズクロスまたはキッチンペーパー

作り方

1. 小鍋にバターを入れて、ごく弱火〜弱火でじっくり溶かす。
2. バターが完全に溶けたらごく弱火に。表面に浮き上がる泡をスプーンなどを使って取り除く。完全に取り除く必要はない。焦げやすいので、ごく弱火をキープする。
3. パチパチと音がして、泡が弾けることで水分を飛ばしていく。15〜20分すると大きな泡が小さな泡へと変わっていき、鍋底が見えるようになる。パチパチと音がしなくなり、鍋底に沈殿したタンパク質などの不純物が少し焦げついてきたら火を止める。
4. チーズクロスやキッチンペーパーを敷いたザルで濾し、保存容器に注ぐ。常温で1年保存可能。

由の１つです。

マーケット内ではフードトラックも出ているので、たまにはそこで青空の下、できたての屋台ごはんを食べるのも密かな楽しみ。偶然友達に会ってキャッチアップできることもあるし、生ライブの演奏も行われているので、最高のアクティビティなんです。

ファーマーズマーケットに行くことは健康的な食事のためだけではなく、季節を肌で感じられるし、行くこと自体が心身ともにエネルギーがチャージされるような感覚になります。

ANNA's

Favorite Place

フェイバリットプレイス

「ファーマーズマーケット」

私の週末の朝の楽しみであるファーマーズマーケット！　スーパーで買うものとはフレッシュさや、味の濃さがまるで違っていて、しかも旬な食材に出会えるので、行くたびにワクワクします。

採れたてのみずみずしい野菜や、ジューシーなフルーツ、産みたての卵、焼きたてのパン、搾りたてのオレンジジュースなど……自分で作りたいと思っていても、なかなかできないものが手に入るのも魅力の１つです。

知らなかった食材に出会って味見させてもらったり、お店の人に調理の仕方や新しい使い方を教わったりできるのもファーマーズマーケットのおもしろいところ！　私はデーツの種類が200種類以上あるということをファーマーズマーケットで出会ったお店の人に教えてもらいました！　種類によって味や甘さ、食感が全然違っていて驚きでした。

いつもよりちょっと寝坊したい気もする週末だけど、早起きは三文の徳と言うように、ファーマーズマーケットに行くと、とても充実した１日を過ごせるのも好きな理

季節に合わせた#あーゆるライフ

PART 4

季節や場所に体を適応させて、自然の流れに乗る

自然を意識し、自然と調和しながら根本から体を整えるアーユルヴェーダ。自然とリンクするということは、季節とリンクすることとも言えます。私たちの体は、季節のリズムと連動していて、意識をしなくても季節の変化に対応して体のシステムも変わり、こうなりやすい、という傾向があります。たとえば春は、犬の毛が抜ける換毛期と同じで、冬の間に寒さから体を守るために溜め込んだ脂肪を溶かす時季。それにより、鼻水や鼻詰まりなどの粘膜トラブルを生じやすかったり、体の中に毒素が溜まっているほどそういう症状が出やすかったりします。夏は心身ともに活動的になる季節。気温が下がり始めて寒さから体を守る準備に入る秋は、空気の乾燥と急な温度変化で体がダメージを受けやすい。秋にしっかり体をケアして免疫力を高めると冬に風邪をひきづらくなる、とか。季節に合わせてライフスタイルを考え、体のシステムをサポートすると、不調や病気を遠ざけることができるわけです。

ただ、気候も昔とはかなり違っています。地球温暖化の影響で、夏が異常な暑さだったり、夏が長くて秋が短かったり、冬なのに急に気温が上がって寒暖差が激しかったり。日本だと5月や10月でも真夏日があるので、暦ではなく、そのときの温度や湿度など、自分の感じている季節に合わせるのがいいでしょう。

また、気候や季節以外に、土地のエネルギー、というのもあります。今は、生涯ずっと同じ土地で生きることは少なくて、働く場所も住む場所も自由に選べる時代。その地域独特のエネルギーも人の心や体に影響を与えているんです。私はニューヨークとロサンゼルスを拠点にしていますが、たとえばニューヨークは世界中からエネルギーの強い人が集まっている街だから、すごくピッタが高くて、スーパーに行ってもみんなちょっとイライラしています。一方、ロサンゼルスはニューヨークよりもっと乾燥していて、ヴァータが強く出やすい感覚。アメリカの中でもかなり違うんです。そして日本は湿度が高くて、水のエネルギーが強いのでむくんでいる人が多いと感じています。

そんな土地や気候も私たちのコンディションと関係している、と説くのもアーユルヴェーダのおもしろいところ。地域や季節の持つ性質は私たちがコントロールできることじゃない。だからこそ、自分から適応させていく、流れに乗ってフィットさせていくことが大事なんです。

ニューヨークとロサンゼルスを行き来している私は、冬が一番大変。ニューヨークなんて北海道ぐらい寒くなるんですけど、ロサンゼルスは暖かいから、ニューヨークからロサンゼルスに行くと気温差で体はやっぱりショックを受けます。でも、こういう場合はこうすればいい、というセルフケアの知識があると体調を大きく崩さずに済むんです。

これからの人生、学校、仕事、結婚などでライフステージが変わり、住むエリアが変わることも多いでしょう。今後、そのフィールドはさらにグローバルになり、日本を離れて海外で活躍する人もきっと増えます。そんなとき、今いる土地や気候、季節に、自分の体を適応させるテクニックを持っていれば、どこにいても心地よくいられるはず。

春夏秋冬のドーシャを知る

アーユルヴェーダで基本の体質を表す、3つのドーシャ。実は、4つの季節にもそれぞれドーシャがあります。

私たちのドーシャはその日その日でもっとも強いものが変動するけれど、季節のドーシャは一定で、国や地域が違っても変わらないんです。ここまで読んで、ドーシャの性質を理解しているなら、どの季節がどのドーシャになるか、ピンとくるかもしれません。

ここでは、3月〜5月が春、6月〜8月が夏、9月〜11月が秋、12月〜2月が冬とします。

- 春（3月〜5月）はカパ＝水
- 夏（6月〜8月）はピッタ＝火

● 秋（9月～11月）はヴァータ＝風
● 冬（12月～1月中旬）はヴァータ＝風で、（1月下旬～2月）はカパ＝水

春は冬の間に溜め込まれた氷が溶けて、水が溢れ出る。夏は灼熱の太陽で熱く燃え上がっている。秋はじめっとした空気が一転し、秋風が心地よくなる。そうかと思えば、あっという間に冬が訪れて、冷たい風で乾燥がピークに……。こんな風に考えると、季節のドーシャはイメージしやすいですよね。

そして、このように季節にもドーシャがあると考えれば、季節の変わり目は特に体調を崩しやすくなるということも納得がいきますし、おのずと対処法も見えてきます。

季節性の不調を整える、暮らしの知恵

季節とリンクしている私たちの体。1年の中で、決まってこの時季に調子が悪くなる、毎年同じようなタイミングで風邪をひいてしまう、など、季節性の不調に心当た

りがありませんか？　実は、自分のドーシャの季節は、体調を崩しやすいんです。カパの人は春、ピッタの人は夏、ヴァータの人は秋が要注意シーズン。
なぜかと言うと、ＰＡＲＴ１でも説明したように、ドーシャは「熱には水を、乾燥には潤いを」というように、反対の性質を補ってバランスを整えることで、乱れや不調をリセットするものだから。熱×熱、水×水、風×風というように、体と季節が同じドーシャで重なると、火に油を注ぐことになり弱点が強調されてしまうのです。今の自分のドーシャと同じ性質を持つ季節は、いつも以上に注意してセルフケアが必要。そのケアが早ければ早いほど、不調の芽を成長する前に摘むことができます。放っておけば最終的に病気になりかねませんから、未病のうちに気づいて対処することが大切なんです。

ここでは、季節ごとの特徴や起こりやすいトラブル、その対処法としての運動法、メンタルの不調におすすめの精油を紹介します。精油はディフューザーで焚いたり、ストーンに垂らしたり、ハンカチに含ませて匂いをかいだり、バスタイムに楽しんでみてください。

さらに、日課に取り入れてほしい入浴のポイントとオリジナルのバスソルトレシピも紹介します。バスソルトは1回分の分量をのせているので、これを湯船に入れるだけ。同じ比率で多めに作って、保存容器に入れておいてもいいですよ。

春　カパ　＝　デトックス&リフレッシュ

ゆったりとした重さを感じやすい季節。やる気が出なかったり、五月病になったり、メンタルが内向きになりがち。この時期は浄化やデトックス、リフレッシュを意識したいものです。

そして春は、がっつりした昼寝を控えたいところ。5〜10分のいわゆるパワーナップならいいけれど、長い昼寝をするとカパが高まって、起きたときに体が重くなったり、頭痛がしたりします。体力が消耗する夏の猛暑の時期と、乳幼児・高齢者以外は、昼寝をしない方がベター。

● 運動

ランニング、ジョギング、バイク、ウォーキングなど汗をかくような有酸素運動で体を動かして血流を促し、軽さと動きを。冬に溜め込んだ脂肪を排出したいので、運動とあわせて3日間のキチャリクレンズ（P142）もおすすめ。

● **おすすめ精油**

花粉症や眠気が続くときに……ペパーミント＋ユーカリの精油を1：1でブレンド

曇りの日や重苦しくどんよりした日に……ローズマリー＋レモンの精油を1：1でブレンド

食べ過ぎ防止に……グレープフルーツ精油

無気力、やる気が出ないときに……オレンジ精油

● **入浴法**

42℃くらいの、やや熱めのお湯で短時間入浴。塩やエプソムソルトを投入し、デトックスを意識する。

⇩春におすすめのバスソルト

塩またはエプソムソルト　大さじ3＋ローズマリー精油　5滴

夏　ピッタ　＝クールダウン&アクティブ

気温が上がり、アクティブな気分が高まる季節。熱が原因で、湿疹、蕁麻疹《じんましん》、胃酸逆流、赤みの肌荒れにも注意を。イライラしやすいので、涼しさと心の余裕をキープすることが大切です。

左の鼻の穴を閉じて右の鼻の穴から息を吸って眉間で1～2秒止めるイメージを。次に右の鼻の穴を閉じて左の鼻の穴から吐く呼吸法を取り入れて、マインドを落ち着かせてピッタを冷ましましょう。午前10時～午後2時の一番暑い時間帯には直射日光を浴びない。早朝や夕方以降に公園で休憩したり、噴水や川、湖など水の近くに行ったりしてクールダウンを。月光浴も体をクーリングする効果があるので、満月の夜に散歩すると癒し効果を得られます。

● **運動**

ベストはスイミング。ランニングなど激しい運動、ホットヨガなど熱を生むものは控えて。

● **おすすめ精油**

涼しくする……ペパーミント精油
夏バテに……ラベンダー＋ペパーミント精油を１：１でブレンド
イライラしているときに……ゼラニウム精油
二日酔いに……ペパーミント＋オレンジ精油を１：１でブレンド

● 入浴法

38℃くらいのぬるめのお湯で10分以内。塩やエプソムソルトを投入し、汗をかいて老廃物を排出。

⇩夏におすすめのバスソルト

塩またはエプソムソルト　大さじ3＋ラベンダー精油　5滴

秋　ヴァータ　＝　モイスチャー&カームダウン

乾燥して気温も下がってくる季節。ヴァータは動きの性質で落ち着きがなくなりやすいので、安定性のある規則正しいライフスタイルを心がける。夏の暑さで疲れて、燃え尽き症候群のような状態になり、不安を感じて不眠に悩んだり、気持ちがソワソワしたり、センチメンタルになったり。体内の乾燥で便秘にもなりやすいです。喉や鼻が乾燥し、頭周りが冷えて風邪をひきやすいので、キーワードはなんと言っても潤い。潤いと安定性が大事。夏から秋になる季節の変わり目は神経を休め、秋になったら読書などで静かな家時間を過ごしたり、アビヤンガオイルマッサージをしたりしてメンタルを安定させて。

1〜3日間のキチャリクレンズ（P142）で体調を整えたら、寒い冬に備えていきます。適度に脂肪を蓄えたい時季なので、食事も楽しみましょう。

● **運動**

ストレッチ、ピラティス、ハタヨガなどゆったりした動きが◎。ハードな運動は控えめに。

● **おすすめ精油**

疲れやすさ、溜まった疲れに……フランキンセンス精油
不眠症に……ラベンダー＋オレンジの精油を1：1でブレンド
便秘に……ローズマリー精油を1滴ホホバオイルに混ぜて腹部をマッサージする
風邪のひき始めに……ジンジャー精油を5滴お風呂に入れる
心配、不安症に……ネロリまたはラベンダーの精油

● 入浴法

40～42℃のお湯で長めに半身浴をして温める。保湿効果の高いエプソムソルトを投入。

⇩秋におすすめのバスソルト

エプソムソルト（なければ塩で代用）　大さじ3＋フランキンセンス精油　5滴

冬　ヴァータ　↓　カパ　＝　プロテクト&プリペア

12月～1月中旬は、秋と同じライフスタイルを意識します。寒さから体を守るために脂肪を蓄える時季。秋よりも乾燥が進むので、さらに潤い補給を強化しましょう。

家の中でゆったり過ごし、オイルマッサージで肌に触れ、リンパや血液の循環を促します。1月下旬になったら、春への準備をスタート。春と同じライフスタイルをフォローして。心身に重さを抱え、ストレスを受けるとやる気がなくなりがちになるので、軽さ、温かさ、乾きを取り入れて調整しましょう。

● **運動**

前半は秋の運動法と同じ。ストレッチやピラティス、ヨガなどスローな動きのものを選んで。後半は春と同じ運動法を。汗をかくような有酸素運動を取り入れて代謝を促し、脂肪燃焼を意識。

● **おすすめ精油**

前半は秋と同じ。後半は春と同じ。

● **入浴法**

前半は秋と同じ。やや熱めのお湯に塩かエプソムソルトを入れて、長めの半身浴。後半は春と同じ。熱めのお湯に塩かエプソムソルトを入れて、短時間入浴。

⇩冬におすすめのバスソルト

塩またはエプソムソルト　大さじ3＋（前半）フランキンセンス精油　5滴
（後半）ローズマリー精油　5滴

東京にいてもニューヨークやロサンゼルスにいても、ビルに囲まれた緑のない環境で、時間に追われる生活をしていても、私たちは自然を意識することができます。太陽と月の動きや季節の移り変わりを感じ、そこに体を調和させていく。不調を感じたときに、薬で抑え込むのではなく、なぜそうなっているかを考えて生活を見直してみる。忙しくても、いえ、忙しい人こそ、生活の一部だけでも、自然の移ろいに自分を重ね合わせてみると、体も心も楽になるはずです。

おわりに

自分の美容や健康のために始めたアーユルヴェーダだったけれど、その素晴らしさを体感していく中で、もっとたくさんの人にその魅力を伝えたいと思い、モデル業と並行しながら、キッチンファーマシーとしてSNSやWEBサイトを通した活動を始めました。それがこうして1冊の本になったことを本当にうれしく思っています。

知識と実践を掛け合わせて、常に本質を追求してきました。私のアーユルヴェーダの旅はまだまだ続くけれど、より多くの方へのセルフケアのインスピレーションやきっかけになれたらこの上ない幸せです。

美しさや健康のあり方、幸せの感じ方は人それぞれで答えはありません。でも、自分のプライオリティは何なのかを見つけるためのヒントはたくさんあって、アーユルヴェーダはそれをより厳選してくれる。自然のリズムに乗ることで、自分の心地よさを感じやすくなるんです。
　毎日いろいろなことが起こる中で、それに左右される自分ではなく、すべての出来事を人生のスパイスだと思って楽しめる自分でありたくないですか？　たまに怒り狂ったり、ネガティブなループに陥ったり、どうしようもない不安に襲われる日があっても、セルフケアで心と体を整えれば、いつでも自分の中心に戻って元気になれるはず。そんなルーティンを1人1人が持てれば、大袈裟ではなく平和な世界が広がると信じています。人に与える前にまず自分自身を満たす。そうすればあなたから溢れるポジティブなエネルギーは自然と広まっていくから。
　そんなやさしい世界が広がっていくことを心から願っています。

　この本の制作に関わってくださったスタッフのみなさん、ありがとうございました。そして、なによりいつもキッチンファーマシーを見てくれているみなさん、この本を手に取ってくださった読者のみなさんにも心からの感謝を送ります。

金原杏奈

金原杏奈

1989年生まれ、東京都出身。14歳でモデルを始め、17歳でパリコレデビュー。2011年よりニューヨークに拠点を移し、ファッションモデルとしてワールドワイドに活動する。アーユルヴェーダドクター・Naina Marbaliに師事し、アーユルヴェーダの認定コースを修学。現在はニューヨークとロサンゼルスの2拠点で暮らし、モデルとして活動しながら、アーユルヴェーダによるセルフケアを発信するデジタルプラットフォームKitchen Pharmacyを主宰する。
YouTube：Kitchen Pharmacy by Anna
Instagram：@kitchenpharmacy

パーフェクト・ビューティ

2024年7月20日　第1刷発行

著者　金原杏奈
発行人　見城 徹
編集人　福島広司
編集者　真鍋 文
発行所　株式会社 幻冬舎
〒151-0051 東京都渋谷区千駄ヶ谷4-9-7
電話：03-5411-6211（編集）
03-5411-6222（営業）
公式HP：https://www.gentosha.co.jp/
印刷・製本所　TOPPANクロレ株式会社

検印廃止

Printed in Japan
ISBN978-4-344-04300-8 C0095